中国社会科学院国情调研特大项目"精准扶贫精准脱贫百村调研"

精准扶贫精准脱贫百村调研丛书

CASE STUDIES OF TARGETED POVERTY REDUCTION AND
ALLEVIATION IN 100 VILLAGES

李培林／主编

精准扶贫精准脱贫
百村调研·俄日村卷

消除"以贫为荣"的贫困文化

束锡红　聂　君　樊　晔／著

社会科学文献出版社
SOCIAL SCIENCES ACADEMIC PRESS (CHINA)

中国社会科学院国情调研特大项目
"精准扶贫精准脱贫百村调研"
项目协调办公室

主　任：王子豪
成　员：檀学文　刁鹏飞　闫　珺　田　甜　曲海燕

总　序

调查研究是党的优良传统和作风。在党中央领导下，中国社会科学院一贯秉持理论联系实际的学风，并具有开展国情调研的深厚传统。1988 年，中国社会科学院与全国社会科学界一起开展了百县市经济社会调查，并被列为"七五"和"八五"国家哲学社会科学重点课题，出版了《中国国情丛书——百县市经济社会调查》。1998 年，国情调研视野从中观走向微观，由国家社科基金批准百村经济社会调查"九五"重点项目，出版了《中国国情丛书——百村经济社会调查》。2006 年，中国社会科学院全面启动国情调研工作，先后组织实施了 1000 余项国情调研项目，与地方合作设立院级国情调研基地 12 个、所级国情调研基地 59 个。国情调研很好地践行了理论联系实际、实践是检验真理的唯一标准的马克思主义认识论和学风，为发挥中国社会科学院思想库和智囊团作用做出了重要贡献。

党的十八大以来，在全面建成小康社会目标指引下，中央提出了到 2020 年实现我国现行标准下农村贫困人口脱贫、贫困县全部"摘帽"、解决区域性整体贫困的脱贫攻坚目标。中国的减贫成就举世瞩目，如此宏大的脱贫目标世所罕见。到2020年实现全面精准脱贫是党的十九大提出的三大攻坚战之一，是重大的社会目标和政治任务，中国的贫困地区在此期间也将发生翻天覆地的变化，而变化的过程注定不会一帆风顺或云淡风轻。记录这个伟大的过程，总结解决这个世界性难题的经验，为完成这个攻坚战献计献策，是社会科学工作者应有的责任担当。

2016年，中国社会科学院根据中央做出的"打赢脱贫攻坚战"战略部署，决定设立"精准扶贫精准脱贫百村调研"国情调研特大项目，集中优势人力、物力，以精准扶贫为主题，集中两年时间，开展贫困村百村调研。"精准扶贫精准脱贫百村调研"是中国社会科学院国情调研重大工程，有统一的样本村选择标准和广泛的地域分布，有明确的调研目标和统一的调研进度安排。调研的104个样本村，西部、中部和东部地区的比例分别为57%、27%和16%，对民族地区、边境地区、片区、深度贫困地区都有专门的考虑，有望对全国贫困村有基本的代表性，对当前中国农村贫困状况和减贫、发展状况有一个横断面式的全景展示。

在以习近平同志为核心的党中央坚强领导下，党的十八大以来的中国特色社会主义实践引导中国进入中国特色社会主义新时代，我国经济社会格局正在发生深刻变化，脱贫攻坚行动顺利推进，每年实现贫困人口脱贫1000多万人，贫困人口从2012年的9899万人减少到2017年的3046万人，在较短时间内实现了贫困村面貌的巨大改观。中国社会科学院组建了一百支调研团队，动员了不少于 500 名科研人员的调研队伍，付出了不少于 3000 个工作日，用脚步、笔尖和镜头记录了百余个贫困村在近年来发生的巨大变化。

根据规划，每个贫困村子课题组不仅要为总课题组提供数据，还要撰写和出版村庄调研报告，这就是呈现在读者面前的"精准扶贫精准脱贫百村调研丛书"。为了达到了解国情的基本目的，总课题组拟定了调研提纲和问卷，要求各村调研都要执行基本的"规定动作"和因村而异的"自选动作"，了解和写出每个村的特色，写出脱贫路上的风采以及荆棘！对每部报告我们都组织了专家评审，由作者根据修改意见进行修改，直到达到出版要求。我们希望，这套丛书的出版能为脱贫攻坚大业写下浓重的一笔。

中共十九大的胜利召开，确立习近平新时代中国特色社会主义思想作为各项工作的指导思想，宣告中国特色社会主义进入新时代，中央做出了社会主要矛盾转化的重大判断。从现在起到 2020 年，既是全面建成小康社会的决胜期，也是迈向第二个百年奋斗目标的历史交会期。在此期间，国家强调坚决打好防范化解重大风险、精准脱贫、污染防治三大攻坚战。2018 年春节前夕，习近平总书记到深度贫困的四川凉山地区考察，就打好精准脱贫攻坚战提出八条要求，并通过脱贫攻坚三年行动计划加以推进。与此同时，为应对我国乡村发展不平衡不充分尤其突出的问题，国家适时启动了乡村振兴战略，要求到 2020 年乡村振兴取得重要进展，做好实施乡村振兴战略与打好精准脱贫攻坚战的有机衔接。通过调研，我们也发现，很多地方已经在实际工作中将脱贫攻坚与美丽乡村建设、城乡发展一体化结合在一起开展。可以预见，贫困地区的脱贫攻坚将不再只局限于贫困户脱贫，我们有充分的信心从贫困村发展看到乡村振兴的曙光和未来。

是为序！

李培林

全国人民代表大会社会建设委员会副主任委员

中国社会科学院副院长、学部委员

2018 年 10 月

前　言

我国扶贫开发始于 20 世纪 80 年代中期，通过 30 多年的不懈努力，取得了举世公认的辉煌成就。但长期以来，贫困居民底数不清、情况不明，扶贫资金和项目指向不准、针对性不强的问题较为突出，存在谁是贫困居民、贫困原因是什么、怎么针对性帮扶、帮扶效果怎样等不确定问题。原有的扶贫体制机制必须健全和完善，需要解决钱和政策用在谁身上、怎么用、用得怎么样等问题，因此，扶贫必须要有"精准度"。

2013 年 11 月 3 日，习近平在湖南湘西考察时首次做出"实事求是、因地制宜、分类指导、精准扶贫"的重要指示。2014 年 1 月，中办详细规制了精准扶贫工作模式的顶层设计，推动"精准扶贫"思想落地。2014 年 3 月，习近平参加两会代表团审议时强调，要实施精准扶贫，瞄准扶贫对象，进行重点施策，进一步阐释了精准扶贫理念。[①]2015 年 1 月，习近平在云南考察时强调，要坚决打好扶贫开发攻坚战，加快民族地区经济社会发展。之后，

① 《习近平扶贫新论断：扶贫先扶志、扶贫必扶智和精准扶贫》，中国经济网，2016 年 1 月 3 日。

习近平来到贵州，强调要科学谋划好"十三五"时期扶贫开发工作，确保贫困人口到 2020 年如期脱贫，并提出扶贫开发"贵在精准，重在精准，成败之举在于精准"的重要论断。精准扶贫针对贫困区域环境、不同贫困农户状况，运用科学有效的程序对扶贫对象实施精准识别、精准帮扶、精准管理，引导各类扶贫资源向扶贫对象倾斜，切实做到"真扶贫、扶真贫"，是新时期新常态下的一种科学扶贫方法。自 2015 年以来，全国各省份陆续开展精准扶贫工作，结合自身实际，采取各种有效措施，广泛动员全社会力量参与精准扶贫。

青海省是我国西部欠发达的多民族聚居省份，省情特殊，集中了西部地区、民族地区、贫困地区的所有特点，贫困具有区域性、综合性的特征。一是贫困面广。全省 98% 的地区属于国家集中连片特困地区。藏区集中连片特困地区 6 州全覆盖，六盘山集中连片特困地区除西宁市四区和大通、平安两县以外全覆盖。二是贫困发生率高。全省有贫困村 1622 个，占行政村总数的 40%；"两线合一"建档立卡贫困人口 52 万，贫困发生率为 13.2%，高于全国 7.5 个百分点。三是贫困程度深。大多数贫困人口居住在东部浅脑山区和高原高寒牧区，气候高寒干旱、生态脆弱，基础设施建设滞后、社会发育程度低、产业结构单一、增收难度大。2015 年，15 个国定贫困县农牧民人均可支配收入为 6953.2 元，只有全国平均水平的 61%。四是脱贫成本高。贫困人口分布呈小集聚、大分散的特点，扶贫战线长；贫困地区基础设施落后，公共服务水平低，投入量大。五是致贫原因复杂。贫困人口致贫因素复杂多样且交织叠加，主要致贫因素中，因病、因残、缺劳力、缺技能的占55.4%。由于传统习俗的影响，因婚因丧致贫问题也较为突出。六是返贫压力较大。全省农村牧区贫困与非贫困界限不明显，存在相当一部分贫困边缘户，加之贫困地区资源禀赋差，抵御自然灾害和市场风险能力弱，贫困群众稳定脱贫难度大、返贫压力大。

面对艰巨的脱贫攻坚任务，青海省政府提出了"四年集中攻坚，一年巩固提升"的总体部署。到2019年，贫困人口全部脱贫，贫困村全部退出，贫困县全部摘帽，贫困人口人均可支配收入达到4000元以上，实现不愁吃、不愁穿，义务教育、基本医疗和住房安全有保障的目标。贫困地区农村牧区居民人均可支配收入增长幅度高于全省平均水平，基本公共服务主要领域指标接近全国平均水平。到2020年，贫困地区生产生活条件明显改善，基本公共服务水平大幅度提高，农牧民自我发展能力显著增强，全面消除绝对贫困现象，与全国同步全面建成小康社会。

为实现这一目标，青海省委、省政府出台了《关于打赢脱贫攻坚战提前实现整体脱贫的实施意见》，制定了发展产业、易地搬迁、资产收益、转移就业、医疗保障和救助、发展教育、生态保护、低保兜底等"八个一批"脱贫攻坚行动计划，以及交通、水利、电力、医疗卫生、科技、通信、金融、文化惠民、电商和市场体系建设、农牧民危旧房改造等十个行业扶贫专项方案，形成了"1+8+10"脱贫攻坚政策体系，进一步细化了精准扶贫精准脱贫的实现路径。

制定印发了《青海省建档立卡贫困人口和贫困村退出及贫困县脱贫摘帽实施方案》，提出了贫困退出的目标任务、脱贫退出计划、脱贫退出标准、退出程序、工作要求，防止"被脱贫""数字脱贫"等。建设精准扶贫大数据管理平台，为脱贫攻坚决策、项目实施、成效评估等提供技术支持。制定了《关于加强财政扶贫专项资金使用和项目管理的指导意见》等政策，对扶贫资金的分配使用、相关扶贫项目的扶持范围和标准、项目管理和验收考评等，以及金融扶贫扶持对象、扶持方法和实施步骤等做出了较为详尽的安排。颁布实施了《青海省农村牧区扶贫开发条例》，使脱贫攻坚步入法制化轨道。启动了"百企帮百村、百企联百户"精准扶贫行动，全省第一批 140 家民营企业与 164 个贫困村结对签约，开展精准扶贫共建活动。举办了全省打赢脱贫攻坚战专题培训班，使各级干部更好地了解掌握扶贫政策，提高实际工作能力。筹建了青海省扶贫开发投资有限公司，省财政已注入资本金 10 亿元。通过健全政策体系、创新体制机制、明确务实举措，青海省精准扶贫效果初步显现。截至 2016 年底，青海省建档立卡贫困人口减少了 11.8 万人，比 2015 年减少了 22.69%。

"精准扶贫意在通过对贫困户和贫困村精准识别、精准帮扶、精准管理和精准考核，实现扶贫到村到户，定位定向扶贫，总攻绝对贫困。"[1] 我国的精准扶贫工作是以村

---

[1] 杜志雄、詹琳：《实施精准扶贫新战略的难题和破解之道》，《中国发展观察》2015 年第 8 期，第 23~26 页。

为单位开展的，每个贫困村面临的脱贫困难不尽相同。精准扶贫贵在精准，众多贫困村在脱贫致富的道路上既面临着相同的脱贫困难，也因资源禀赋、地理环境、经济基础等因素的差别，面临着不同的具体脱贫难题。要实现精准扶贫只有做到因地制宜，才能有的放矢。对此，课题组选定海北藏族自治州海晏县甘子河乡俄日村作为研究对象，通过实地调查访谈，深入探究当前影响俄日村贫困人口脱贫的具体问题及其原因，提出有针对性的对策措施，为贫困人口全部脱贫、俄日村退出贫困村、海晏县脱贫摘帽提供智力支撑和决策支持。

2017年7~8月，北方民族大学社会学与民族学研究所和中国社科院社会学所组成联合调研组，先后三次赴海晏县俄日村调研。问卷调查分为行政村和住户两部分，住户问卷调查样本量为60户，其中贫困户和非贫困户各30户。样本的抽取采用等距抽样法，整理出村住户花名册（剔除建档立卡贫困户）和建档立卡贫困户名单，两份名单均以2016年底为准，其中，建档立卡贫困户名单包含已脱贫户，两份名单均以户主姓名为准，分别抽取30户住户。

行政村问卷内容涉及自然地理，人口就业，土地资源及利用，经济发展，社区设施和公共服务，村庄治理与基层民主，教育、科技与文化，社会稳定情况，村集体财务，公共建设与农民集资，建档立卡贫困人口，发展干预，第一书记和扶贫工作队十三个部分，住户调查问卷内容涉及家庭成员、住房条件、生活状况、健康与医疗、安全与保障、劳动与就业、政治参与、社会联系、时间利用、子女教育、扶贫脱贫十一个部分，行政村和住户问卷内容基本涵盖了村民生产生活的各个方面。除问卷调查外，还对甘子河乡干部、村干部、驻村第一书记、扶贫工作队成员、普通农户进行了深度访谈，内容涉及俄日村近五年的发展变化、集体经济发展情况、村庄治理基本情况、村庄发展项目和扶贫项目的争取落实情况、劳动力技能培训开展情况、劳动力外出务工就业情况、贫困户精准识别和调整情况等。样本的人口学特征如表0-1所示。

表0-1　样本的人口学特征

单位：%

项目		比例
性别	男	58.33
	女	41.67
年龄	16~30岁	18.33
	31~40岁	25.00
	41~50岁	31.67
	51~60岁	15.00
	60岁以上	10.00
民族	汉族	15.00
	蒙古族	1.67
	藏族	83.33
文化程度	文盲	70.00
	小学	16.67
	初中	3.33
	高中	5.00
	大专及以上	5.00
婚姻状况	已婚	76.67
	未婚	11.67
	离异	6.67
	丧偶	5.00
主要社会身份	村干部	3.33
	村民代表	1.67
	普通农民	95.00

目 录

第一章

俄日村概况及村民生产生活状况

第一节 俄日村概况

　　海晏县位于青海省东北部，著名的青海湖北岸，是黄河重要支流——湟水河的发源地。地处东经 100° 23′ ~101° 20′，北纬 36° 44′ ~37° 39′。东临湟源县、大通县，西接刚察县，北与祁连县接壤，南与共和县毗邻，全县总面积 4443.1 平方公里，东西宽 85.7 公里，南北长 102.2 公里，平均海拔 3000 米以上，是海北藏族自治州人民政府驻地县。现辖 4 乡 2 镇 29 个行政村、7 个社区，全县总人口 3.6 万人，其中城镇户口 14483 人、农村户口 21737 人，县内有汉、藏、蒙古、回、土等 9 个民族，少数民族人口占总人口的 48%。

海晏县畜牧业优势突出，是环青海湖现代高效畜牧业重要生产基地、环湖地区重要畜产品集散地。成功列入国家现代农业示范区、国家级一二三产融合发展试点县、国家畜牧业绿色发展示范县、全国草地生态畜牧业实验区。海晏县区位优势突出，国道315线、青藏铁路贯穿全境，县城距省会西宁90公里，是全省离省会城市最近的牧业县，也是国道109线、海西柴达木盆地和河西走廊的重要连接点。生态地位突出，处在青海湖流域生态保护核心区，是黄河重要支流——湟水的发源地，是省会西宁重要的水源涵养地和全省重要的生态屏障。2013年被列入全国防沙治沙综合示范区。

　　海晏县旅游文化资源优势突出，是"环青海湖风光和体育旅游圈""青藏铁路世界屋脊旅游带"的重要组成部分，也是环青海湖国际公路自行车赛的重要赛段。境内有全国核武器研制基地——原子城，是全国重要的红色教育基地和旅游目的地。2010年西海镇被住房和城乡建设部、国家旅游局命名为"全国特色景观旅游名镇"。2016年，全县实现地区生产总值21.9亿元，增长7.3%；县属固定资产投资达27.35亿元，增长17.9%；地方公共财政预算收入突破1亿元大关，达到1.02亿元，增长8.2%；社会消费品零售总额达3.36亿元，增长11%；城镇常住居民人均可支配收入突破2.5万元大关，达到27853元，增长9%；农村常住居民人均可支配收入达到11695元，增长9.2%。地方公共财政预算收入、城镇常住居民人均可支配收入等重要指标再创历史新纪录。

甘子河乡位于海晏县西北部，是海晏县最大的牧业乡，距县城 60 公里，平均海拔 3500 米，辖达玉、德州、俄日、尕海、热水、托华、温都 7 个行政村，共有 1600 户 5627 人。其中藏族 3240 人，占总人口的 57.58%；蒙古族 1389 人，占总人口的 24.68%；回族 244 人，占总人口的 4.3%。全乡共有草场 230 万亩，其中可利用草场 187 万亩，存栏各类牲畜 20.8 万头（只）。

近年来，甘子河乡坚持以畜牧业增效、农牧民增收为主线，以物质装备、良种繁育、集约化经营为抓手，畜牧业生产得到了稳步发展。装备水平不断提高，坚持以项目为依托，先后修建羊用暖棚 757 幢，围栏草场 112 万亩，硬化村级道路 70 公里。全乡暖棚覆盖率达到 60%，自来水普及率达 46%，农牧户通电率达 84%。良种繁育基地建设初见成效，组建热水村、尕海村两个藏系羊繁育基地和托华村牦牛繁育基地，先后引进优质种公羊 121 只、生产母羊 900 只、优质种公牛 35 头、生产母牛 300 头，优质牦牛、藏羊核心群达到 16 群 4500 头（只）。集约化经营稳步推进，全乡参与集约化的农牧户达到 713 户，占全乡总户数的 59.8%；整合草场 94 万亩，占全乡可利用草场面积的 50.2%；整合各类牲畜 10.5 万头（只），占全乡总牲畜的 50.9%；整合饲草料地 879 亩；整合羊用暖棚 403 幢。同时，全乡党建、精神文明和各项社会事业得到协调发展，适龄少年儿童入学率和巩固率、计划生育率、新型合作医疗参与率均达 100%，呈现经济发展、社会和谐、民族团结的良好局面。

俄日村位于青海湖东北部，西距青海湖仅有 15 公里，南距甘子河乡政府驻地不足 2 公里，北距海晏县城 50 公里。俄日村是国家级贫困村，贫困发生率较高，贫困程度较深。俄日村共有 274 户 1001 人，少数民族 231 户 864 人，残疾人 60 多人，劳动力人数占全村总人数的 50% 以上。

经过 2015 年底的摸底调查和精准识别，确定列入精准扶贫计划的贫困户有 77 户，占全村户数的 28.10%；贫困人口 220 人，占全村人口的 21.98%。其中，一般贫困户 70 户 203 人、低保贫困户 7 户 17 人。2017 年建档立卡"回头看"之后，确定建档立卡贫困户 76 户 253 人，贫困人口有所增加。

俄日村地处高原，平均海拔在 3000 米以上，村域面积为 30 万亩，共有 6 个村民小组，其中汉民组 1 个、藏民组 5 个。2016 年全村人均纯收入为 6730.9 元。现有可利用草地面积 30 万亩，主要农作物为青稞和油菜，经营各类牲畜 39463 头（只），其中羊 29865 只、牛 9174 头、马 424 只。目前，俄日村基础设施建设、公共服务、经济发展、村庄治理、精准扶贫等方面仍面临较大困难和挑战。在道路交通方面，通村道路基本是硬化路，但仅有 12 公里。在电视通信方面，村内有有线广播电视，但仍有 13 户居民家中没有电视机，村委会尚未配备联网电脑。在妇幼、医疗保健方面，全村仅有 1 个卫生室和 1 个药店，2007 年，俄日村卫生室被评为全州标准药房，2009 年村卫生室达到标准化建设标准。卫生室有 1 名村医罗藏银巴，先后多次被省、州、县卫生行政部门评为"优秀乡村医生""卫生工作先进个人"，卫生室也被评为"先进村卫生室"。在生活设施方面，村民固定住所已全部通电，民用电价为 0.4 元/度，村内垃圾箱有 7 个。140 多户村民享受自来水集中供应，但仍有 8 户村民饮水十分困难。在村民住房方面，户均宅基地面积达到 100 平方米，村民现有住房基本是砖木、砖混架构，经过近几年的危房改造和易地搬迁，全村已无危房。在社会保障方面，全村 1001 人全部参加新型合作医疗，缴费标准仅为 100 元/（年·人）；参加社会养老保险人数为 570 人，占全村总人数的 56.94%。

在村庄治理和基层民主建设方面，全村共有党员 43 人，村内定期召开党员代表会议和村民代表会议，对村内重大事项进行公开决策。村两委共有 9 人，村支部支委会 5 人，村民委员会 5 人，村两委交叉任职 1 人。村两委主要成员情况如表 1-1 所示。村两委主要成员以男性为主，多数人党龄较长，有较高的政治觉悟，年龄结构上中青年搭配比较合理，形成了一支年富力强的村领导班子，而且他们中的多数有丰富的村两委任职经验，熟悉村内事务。但村两委主要成员文化程度整体偏低，最高仅为小学水平，这无疑为精准扶贫工作的开展带来一定困难。现任村委会领导班子是 2014 年选举出来的，当时全村有选举权的村民共 770 人，全部参加投票选举。因村民比较分散，采取流动投票的形式，最终通过大会唱票，索南才付旦获得 560 名村民支持，出任村主任一职。

表1-1　村两委主要成员情况

姓名	职务	性别	年龄	文化程度	党龄	工资	任职届数	任职前身份
海星	村支部书记	男	52岁	小学	27年	19000元/年	2届	村纪委委员
南夸昂秀	村支部副书记	男	35岁	小学	16年			
才科	村支部委员	男	48岁	文盲	20年	8000元/年	3届	村委会委员
索南才付旦	村委会主任	男	54岁	文盲	30年	18000元/年	3届	村出纳
扎西才郎	村委会副主任	男	44岁	小学	8年		2届	村出纳

在儿童教育方面，村中原有1所小学，但已于2012年撤销，现所有学龄儿童均集中到海晏县城寄宿制学校上学。在科技文化方面，村内仅有1个图书室，缺少村民培训场所、棋牌活动场所等。全村有藏族群众864人，全部信仰藏传佛教，汉族群众中也有部分信仰藏传佛教。在村集体财务方面，甘子河乡每年给予45000元补助，用于村内各项建设及支付村干部工资等，不存在村集体负债情况。

第二节　村民生产生活状况

一　住房条件

1.住房满意度及拥有情况

近年来，通过实施危房改造、易地搬迁政策，部分农牧民的住房条件得到较大改善。调查显示，被访者对当前住房状况的满意程度较高，其中仅有 26.67% 的被访者表示"不太满意"和"很不满意"。俄日村村民住房相对来说比较分散，尤其是藏族村民住房，多是几家几户集中在一起。部分村民的住房居住时间较长，不论是外部装饰还是内部装修都比较陈旧，一些村民有建新房或重新装修的想法，但是家庭储蓄有限，无法满足实际需求。对于自有住房，有 88.33% 的被访者表示仅有一套住房，有 6.67% 的人表示有两套住房。有两套住房的是村中的少数非贫困户，冬天县城供暖较好，他们在县城买房主要是为了过冬。海晏县房价相对较低，仅 2000 元 / 平方米左右，对于少数非贫困户而言，负担得起。

图1-1　入户调研场景1

（聂君拍摄，2017 年 7 月）

2. 当前居住住房情况

俄日村虽处于牧区，但目前全村所有农牧户基本上有固定的安全住房。[①] 每年夏季，多数牧民会从固定住房搬迁到夏季草场的帐篷里居住。但仍有 5.00% 的人表示一套自有住房都没有，他们租用或借用别人的住房。不同家庭建造或购买自有住房使用的建筑材料、内部装饰差别较大，所需花费也不尽相同。数据显示，被访者自有住房的花费为 0.5 万~19 万元，其中 92.98% 的人花费在 10 万元以下。可见，多数人在住房上的支出并不高。而租房者的月租金在 240 元左右，对于农村家庭来说也是一笔不小的家庭支出。

目前，俄日村有少数农牧户享受易地搬迁政策，进城上楼居住，被访者中仅有 8.33% 的人住的是楼房，绝大多数人仍居住在本村。通过实施危房改造项目，目前多数农牧民住房状况良好，但仍有 25.00% 的被访者认为自家的住房虽然"没有认定，但属于危房"，他们中的多数意在争取危房改造项目，享受政府的住房政策。农牧民住房使用的建筑材料多为砖、瓦、木和砖混材料，住房条件有较大改善，但不同家庭住房建筑面积差距较大，16~198 平方米不等。被访者中，96.67% 的人表示自家住房在 100 平方米以下。

农村牧区远离海晏县城，生活设施比较匮乏，基本的取暖、沐浴、饮水、如厕、垃圾处理等方面的基础设施建设仍十分滞后。在取暖设施方面，因远离县城无法享受集中供暖系统，多数农牧民只能依靠炉子取暖。在沐浴设施方面，85.00% 的被访者表示没有沐浴设施。在互联网宽带

---

① 用安全混凝土结构、砖混结构、砖木结构或土木结构建造的房屋视为安全住房，不包括土坯房等简易、临时性住房。游牧民定居点有 30 平方米帐篷可视为有安全住房。

方面，仅有 15.00% 的被访者表示家中安装了互联网宽带。在饮用水方面，21.66% 的被访者表示使用"不受保护的井水和泉水，或江河湖泊水"，全村的饮水安全问题比较突出，而且经常出现断水的情况。农村牧区畜养牦牛较多，炊事用能源多为牛粪，较少利用柴草、煤炭、电等资源，这与藏族的传统生活习惯有关。农村牧区厕所建设也比较滞后，尚有近半数的人家中没有任何厕所设施，卫生厕所或传统旱厕的普及尚有较大空间。生活垃圾和生活污水随意丢弃、排放的问题比较严重，对当地生态环境造成了一定负面影响。目前，俄日村仅在农事队建设了一些垃圾池，其他地区因缺少垃圾池，随意丢弃垃圾的现象比较常见。俄日村的排污管道建设才刚刚起步，因此生活污水的处理也比较随意。以上数据说明，一方面，俄日村的基础设施建设十分滞后，出现了饮水难、如厕难、沐浴难、排污难等问题，影响到村民日常生产生活质量的进一步提高；另一方面，由于基础设施建设滞后，垃圾处理和污水排放随意导致当地生态环境受到破坏。

二 生活状况

1. 收入与支出

关于 2016 年的家庭纯收入，36.66% 的被访者表示家庭纯收入在 1 万元以下，这样的家庭很有可能人均年收入在贫困线以下，或处在贫困的边缘。俄日村村民以经营农牧业为主要生计，大部分家庭的经济收入也来自这一渠道。

少数家庭也有工资性收入、非农经营收入、财产性收入、低保金收入、养老金或退休金收入、补贴性收入，但多数被访家庭的收入渠道仅限于农业经营。这表明，多数被访者家庭收入结构很不合理，尤其是非农经营收入和工资性收入占比较低，这并不利于他们增收致富。因此，需要通过发展劳务产业和非农经济提高工资性收入和非农收入，改善农牧民家庭经济收入结构。关于 2016 年的家庭收支情况，超过半数的被访者表示入不敷出，这说明，他们很可能已经产生了负债，并处于贫困的境地。多数家庭 2016 年的全年收入处在一个较低水平，多数人对自己的家庭年收入并不满意。长期的个人贫困和家庭的整体贫困将导致贫困群众产生不满情绪。今后，需要进一步深入推进精准扶贫工作，提高俄日村农牧民收入，帮助其脱贫致富。

2. 家庭财产状况

俄日村农牧户家庭中电视机、洗衣机、冰箱、手机、摩托车等家庭耐用消费品的保有量比较高，物质资本比较丰富。其中，电视机的保有率最高，其次是电冰箱或冰柜，再次是洗衣机。在牧区，摩托车是主要的交通工具，被访家庭的保有率为 68.33%，卡车的家庭保有率很低，仅有 5% 左右。因为互联网络尚未在俄日村普及，被访家庭中电脑保有率不高，仅有 3.33%。俄日村是牧区，各种农机、农业设施拥有率较低。俄日村农牧户家庭的金融资本非常薄弱，家庭收入比较有限，生产生活支出较高，以致多数家庭没有存款，少数有存款的家庭之间的差距也比较大。整体上，俄日村的贫富差距比较明显。

为了发展生产，农牧户贷款的情况比较普遍，农村信用社是他们贷款的主要渠道。少数人还向银行申请贷款，虽然银行贷款需要有效抵押物，俄日村农牧户往往不具备贷款条件，但通过"530"扶贫小额贷款政策，建档立卡贫困户可以享受无抵押、无利息的小额贷款。还有少数被访者家庭享受到贫困村互助资金，目前俄日村互助资金入社率已经达到100%，凡是有意愿的农牧户都可以申请使用互助资金，但目前互助资金的使用率不高。农牧户贷款以小额贷款为主，多在5万元以下，贷款主要用于发展生产、生活开支、助病助残、异地搬迁、助学或其他事项。这说明，部分农牧户的自有资金十分匮乏，需要通过亲朋等私人关系或者银行、信用社等金融机构进行贷款发展生产或用于生活开支等。

3. 生活评价

牧区自然环境恶劣，基础设施建设滞后，经济发展相对落后，但近年来政府对农村牧区建设投入不断增加，俄日村的生产生活状况得到一定改善，农牧户对生活状况的满意程度较高。与前几年相比，多数农牧民家庭生活状况得到了改善。对于未来的生活，多数家庭充满了生活会更美好的信心。61.66%的被访者认为5年后，家庭生活将变得"好很多或好一些"。与本村多数人相比，有超过半数的被访者（53.34%）认为自己家过得"差一些或差很多"。整体来看，被访者对当前生活的满意程度较高，虽然部分人自认为家庭生活水平与亲友或本村多数人存在一定差距，但多数人对未来的生活仍充满了期待。

图1-2　入户调研场景2（夏季草场）

（聂君拍摄，2017年7月）

4. 环境条件

俄日村多数农牧户世代居住在这里，已经习惯了当地的生活环境，对家庭周围的居住环境满意程度较高。被访者普遍认为家庭周围基本不存在空气污染和噪声污染，但相对而言，水污染、土壤污染和垃圾污染情况比较严重。16.67%的被访者认为家庭周围存在水污染情况，其中80.00%的人认为污染情况"非常严重或比较严重"。11.67%的被访者认为家庭周围存在土壤污染情况，其中87.50%的人认为污染情况"非常严重或比较严重"。还有25.00%的被访者认为家庭周围存在垃圾污染情况，其中75.00%的人认为污染情况"非常严重或比较严重"。这说明，在俄日村的局部地区存在比较严重的水污染、土壤污染和垃圾污染情况，这与垃圾池、污水排放管道等基础设施建设滞后有较大关系。

三　健康与医疗

俄日村地处高海拔地区，高寒湿冷，以致部分农牧民患有各类疾病。比如，关节炎／腰椎增生等各类骨病，以及高血压、心脏病、胃病、淋巴瘤、妇科病、低血压、白内障等，而且，少部分人还同时身患几种疾病。但多数患病者并没有采取任何治疗措施，主要是因为经济困难，无法负担昂贵的治疗费用。仅有 35.71% 的被访者表示家中不健康成员"自行买药、门诊治疗或住院"。对于采取治疗措施的人，仅有 42.19% 的人获得了医疗报销。医疗报销比例低，一方面是因为部分农牧民对医疗报销政策不了解，不知如何报销；另一方面是有些疾病不在报销范围之内，或者必须住院才能给予报销。今后，要进一步强化医保政策宣传，提高报销比例和扩大报销范围。关于家中身体不健康的人的自理情况，仅有 21.43% 的被访者表示家中不健康成员"行走有严重障碍"或"不能行走"，9.52% 的被访者表示家中不健康成员"洗漱或穿衣有严重障碍"或"不能洗漱或穿衣"。

关于家中身体不健康的人的身体或精神状况，25.00%的被访者表示家中不健康成员身体有严重的疼痛感，关于家中身体不健康的人"是否感到焦虑或压抑"，20.24% 的被访者家中不健康成员表示"没有"，51.19% 的被访者家中不健康成员表示"有一点或有一些"，28.57% 的被访者表示家中不健康成员时常感到严重的焦虑或压抑。可见，少数身体不健康的人在日常生产生活中存在比较严重的问题，部分丧失或完全丧失生活自理能力，身体感到疼痛或不适，对生活产生焦虑感或压抑感，这部分人可能需要政府进行社会兜底扶贫。对于"家中是否有7周岁以下儿童"，46.67%的被访者表示"有"，其中64.29%的被访者表示7周岁以下儿童接受了计划免疫。目前，俄日村儿童计划免疫工作还不够完善，部分儿童存在一定患病隐患。

四 安全与保障

1. 意外事故、公共安全和社区安全

农村牧区远离城市，民风淳朴，意外事故以及偷抢等公共安全问题较少发生。数据显示，仅有3.33%的被访者表示2016年家人遭受过意外事故，而且都是交通事故，受伤人员出现不同程度的身体伤残。5.00%的被访者表示2016年家中遭遇偷抢等公共安全问题，都是入室偷盗，被偷盗家庭均遭受了严重的经济损失。俄日村当地自然灾害虽然比较少，但全村以牧业为主，自然灾害往往造成大量牛羊的病亡，一头牦牛就值几千元，灾害造成的财产损失不可小视，少则几千元，多则几十万元。农村牧区的生活环境决定了农牧户较少采取复杂的安全措施，主要是养狗负责看家护院。俄日村社会治安情况较好，天黑以后一个人走路也非常安全。除了少数意外事故、公共安全问题和自然灾害，从未有危害社会稳定的重大事件发生。

2. 基本生活保障

虽然俄日村的贫困率比较高，但全村已解决了温饱问题。对于未来的养老问题，81.67%的被访者表示将依靠

子女养老。从养老金来源看，多数农牧户仍秉持传统养老观念，希望由家庭成员为其提供物质供养和精神照料，但同时，政府养老金也将成为家庭养老的重要补充，减轻家庭养老的经济负担。在以家庭养老为主、社保养老为辅的养老保障体系下，41.67% 的被访者认为自己有养老保障，但受子女孝顺观念薄弱、政府养老金标准较低等因素的影响，仍有 25.00% 的被访者认为自己没有养老保障。

3. 农业资源和风险

俄日村耕地较少，以草场为主。在村中，仅有少数汉族群众从事农业生产，但各家耕地面积较小，从几亩到十几亩不等。多数藏族家庭拥有牧草地，各家牧草地面积较大，少则几百亩，多则千余亩。俄日村时常遭受干旱、低温、暴雪等自然灾害，2016 年，该村农业生产遭遇了自然灾害，但受灾面积较小，经济损失为 2000~20000 元，但

图1-3　夏季草场晒羊毛

（聂君拍摄，2017 年 7 月）

这对农牧民而言是较大的经济损失。除自然灾害外，农业发展还面临着市场风险，主要是农产品滞销、价格下跌等问题。2016 年，60.87% 的被访者表示遭受了经济损失，损失金额为 500~20000 元。

五　劳动与就业

除残疾、重病、在学和因年老丧失劳动能力者，一般农牧民家庭的其他家庭成员都可称为劳动力。俄日村多数家庭劳动力比较丰富，每家至少有一个劳动力，多则有三四个。多数有劳动能力的农牧民劳动时间较长，每年劳动时间达到 200 天以上，劳动负担较重。但通过发展农牧业生产、经商、外出务工等方式，农牧民也获得了相应的劳动收入。调查发现，如果家庭中有 2 个及以上劳动力，则可获得较为可观的劳动收入。对于 2016 年被访家庭的劳动力从事的主要工作，77.11% 的人从事农林牧渔业，4.82% 的人从事建筑业，4.82% 的人从事批发和零售业，7.23% 的人从事住宿和餐饮业，还有 6.02% 的人从事其他行业。以上数据说明，多数劳动力仍主要从事农牧业经营。近年来，越来越多的村民参加了养老保险和医疗保险，还有少数受雇者享有三险一金（工伤保险、失业保险、生育保险和住房公积金）。可见，对于受雇劳动力，除部分人享受医疗保险和养老保险外，多数人很少能享受其他社会保险和住房公积金，劳动力在劳动中的基本权益难以得到较好保障。从被访家庭的劳动力从业行业、收入结构和享受社会保险情况看，今后应进一步促进劳动力从第一产业向第二、第三产业有序转移，提高非农收入和工资性收入在农牧民收入结构中的比重，并通过劳务经济组织或政府提供务工渠道，以保障劳动力的基本权益。

六　政治参与

村委会是村民自我管理、自我教育、自我服务的基层群众性自治组织，领导班子产生依赖民主选举。俄日村多数村民比较重视村委会领导班子的选举，关心基层组织建设。一般情况下，凡遇有重大事项，俄日村村委会或村民小组会召开村民会议，充分听取村民意见，使村民参与重大事项的决策。26.67%的被访者表示2016年自己和家人都参加了村委会召开的会议，46.67%的被访者表示2016年仅自己参加了村委会召开的会议，还有18.33%的被访者表示2016年自己和家人都未参加村委会召开的会议。可见，俄日村农牧民比较关心村内事务，政治参与程度较高。相对而言，俄日村农牧民对甘子河乡的政治参与度较低。76.67%的被访者表示自己和家人都没参加最近一次乡人大代表投票。

七　社会联系

1. 社会组织

社会关系网络可以分为正式社会关系网络和非正式社

会关系网络。正式社会关系网络是指农牧民与各种正式社会组织机构之间的关系网络。农民合作社不仅可以搭建起富裕户与贫困户之间的社会联系，还可以提供农产品销售、加工、运输、贮藏以及与农业生产经营有关的技术、信息等服务，具有较强的经济互助性。数据显示，65.00%的被访者表示本村或邻近有农民合作社，其中58.97%的人表示自家参加了农民合作社。18.33%的被访者表示本村或邻近有文化娱乐或兴趣组织，其中，81.81%的被访者表示自家参加了文化娱乐或兴趣组织。虽然，目前俄日村的社会组织不多，但是农牧民与社会组织间的联系比较密切，农牧民的正式社会关系网络已经建立起来，农牧民可以借助农民合作社等组织建立起彼此的联系，从而获得所需资源。

2. 家庭关系和社会关系

非正式社会关系网络，是指俄日村农牧民之间或与当地其他人之间形成的社会关系，这种关系的构建和拓展与农牧民日常生产生活需求密切相关。家庭关系是农牧民非正式社会关系网络的核心。数据显示，59.09%的已婚被访者表示2016年每天都与爱人在一起生活，72.22%的已婚被访者表示夫妻之间每天都会联系，84.44%的已婚被访者表示非常信任对方。这说明，被访者夫妻间的关系是非常紧密的，而且夫妻间的信任程度较高。95.56%的被访者表示夫妻间遇到大事都会商量，在日常生活中，夫妻双方都会给对方提供决策支持，相互扶持。79.31%的被访者表示满意目前的婚姻状况，多数被访者夫妻间关系比较融洽，这有助于夫妻关系的长期维系。多数被访者与直系亲属间的关系非常密切，尤其是不在一起居住的父母或子女，每天或每周都会联系一次。在俄日村，亲属关系和拟亲属关系之间是比较密切的，如果生活中遇到困难，81.67%的被访者会选择找直系亲属帮忙，其次是邻居或老乡或其他亲戚。

除亲属关系外，邻里关系是农牧民重要的互助性关系，通过邻里关系农牧民可以获得精神和物质上的支持。关于亲戚中是否有干部，15.00%的被访者表示有村干部、乡镇干部或县干部。村／乡镇／县干部与外界的联系更为紧密，其社会关系网络更为广泛，农牧民亲戚中有干部则可以获得更多的社会资源，丰富自身的社会资本。今后，俄日村应建立更多的社会组织，广泛吸纳农牧民，为农牧民交往交流搭建平台。同时，农牧民应积极与外部市场进行联系，以获取更多的市场信息和就业渠道。

图1-4　入户调研场景

（聂君拍摄，2017年7月）

八 时间利用

目前，俄日村多数农牧民仍从事第一产业，除农忙时，闲暇时间较多。在闲暇时间，多数被访者表示会在家休息或做家务，有时也会参加社会交往、学习培训、文娱体育活动，读书看报，但在提升自身社会资本、人力资本等方面投入的时间较少。调查发现，51.67%的被访者每天干活时间在4小时以内，26.67%的被访者每天干活时间为5~8小时，还有21.66%的被访者每天干活时间在8小时以上。以上数据说明，多数农牧民平时每天干活的时间保持在一个合理的范围。一般而言，成年人每天睡觉时间为7~8小时，就可以保持充沛的精力和体力。俄日村农牧民在保持充足睡眠的前提下，完全可以利用8小时以外的业余时间开展一些创收活动。

九 子女教育

现阶段，青海全省已普及义务教育，俄日村学龄儿童基本都处于在学阶段。2017年上半年在学的儿童，全部在海晏县县域内上学。其中，8.69%的人在本村上学，73.91%的人在本乡镇上学，还有17.4%的人在本县城上学。学校基本是公办性质，近年来，随着国家对教育领域投入的不断增加，公办学校的教学条件有较大改善，89.13%的被访者认为学校条件比较好。目前，俄日村已将小学撤销，中小学都在乡镇或县城，县城的学校都是寄宿制学校。目前，在义务教育阶段，学生上学的直接费用较少。数据显示 2016 年，64.70% 的被访家庭子女上学直接费用低于 1000 元，19.61% 的被访家庭子女上学直接费用为 1001~3000 元，仅有 15.69% 的被访家庭子女上学直接费用在 3000 元以上。整体来看，仅有少部分家庭的教育花费较高，主要是学前教育和义务教育阶段以外的其他阶段教育产生的学费、书本费、住校费、在校伙食费、交通费等费用，对贫困家庭而言，教育支出造成了一定经济负担。但仅有 16.67% 的被访家庭子女 2016 年收到过教育补助，为 290~5430 元。可见，相比教育支出，教育补助的覆盖面较窄，补助金额偏低。今后，需要进一步扩大教育补助覆盖面，提高补助标准。

十　扶贫脱贫

1. 非建档立卡户情况

50.00% 的被访者 2016 年底为非建档立卡贫困户。从非建档立卡贫困户的角度看，53.33% 的被访者表示政府为本村安排的各种扶贫项目是合理的，而且项目扶贫效果也是比较好的，但仍有少数非建档立卡贫困户对扶贫项目安排、贫困户认定、扶贫效果不认可，一方面证明过去的扶贫工作中确实存在扶贫项目安排不合理、贫困户认定不公正、扶贫效果不好等问题，另一方面也可能存在某些非建档立卡贫困户因未享受到扶贫政策而产生不平衡心理的情况。实际上，某些非建档立卡贫困户也享受过扶贫政策，

20.00%的被访者表示直接享受过扶贫政策，比如扶贫贷款、棚户改造、盖房补助、后续产业资金、互助资金以及面粉、油等实物。

2. 建档立卡户情况

全国范围内的贫困户建档立卡工作从2014年开始，俄日村的建档立卡工作主要从2015年开始。少数建档立卡贫困户虽然享受扶贫政策，但对建档立卡工作的认识还很肤浅。经过两年的精准扶贫工作，俄日村已有少数贫困户实现脱贫。数据显示，3.33%的被访者表示2017年初已经是脱贫户，并且是2017年实现脱贫的。认定脱贫时乡村干部入户进行脱贫认定，认定后扶贫干部和贫困户在相关材料上签字盖章，脱贫名单在村内进行了公示。脱贫户是自愿脱贫，对脱贫结果和脱贫成果都很满意。虽然党和国家承诺确保农村贫困人口到2020年如期脱贫，但俄日村仅有少数贫困户确定可以在2020年前实现脱贫，仍有53.33%的被访者不确定何时能脱贫。

俄日村贫困户致贫的最主要原因是生病，其他原因包括残疾、缺土地、缺劳力、缺资金、自身发展动力不足等。针对以上致贫原因，2015年以来俄日村实施了多项扶贫措施，包括技能培训、小额信贷、发展生产、带动就业、易地搬迁、基础设施建设、发展公共服务和社会事业（教育、医疗、低保等）等。针对各贫困户制定的扶贫措施，68.96%的被访者认为非常合适或比较合适，71.43%的被访者认为扶贫效果很好或比较好。从以上数据可见，多数建档立卡贫困户对扶贫项目和扶贫措施安排、扶贫效果是比较认可的。自精准扶贫工作开展以来，扶贫干部针对各贫困户实际情况精准施策、精准管理，扶贫效果比较明显。

图1-5 入户调研场景

（聂君拍摄，2017年7月）

3. 技能培训

目前，俄日村中仅有少数农牧民接受过免费技能培训。培训类别主要是新成长劳动力职业教育和农村实用技能培训，培训时间为2015年精准扶贫工作开展之后，培训内容主要是为期四天的挖掘机学习，培训完成后发给结业证，但是培训完成后都未实现稳定就业。俄日村技能培训的覆盖面较窄，培训时间短，培训内容单一，今后须进一步扩大技能培训覆盖面，为农牧民提供免费、长期、多内容、多层次的技能培训，帮助被培训者实现稳定就业。

4. 发展生产

在扶贫产业发展方面，俄日村贫困户享受政府提供的产业发展到户资金，主要发展种植业和养殖业。数据显示，7.14%的被访者表示从事种植业，92.86%的被访者表示从事牦牛、藏羊养殖业。产业发展主要依靠政府提供的产业发展到户资金，每户每人可获得6400元补贴，自筹资金较少。对于项目实施效果，85.71%的被访者表示非常满意或比较满意。可见，贫困户对扶贫产业发展满意程度较高。

5. 易地搬迁

俄日村易地搬迁项目主要从2017年开始实施，已有34户建档立卡贫困户享受易地搬迁政策，其中，13户为本村就近新建，21户为进城上楼搬迁。数据显示，25.00%的被访者是集中安置，75.00%的被访者是分散安置。根据贫困户实际情况，安置类型采取自建房和购买商品房安置相结合的方式。安置房面积为60~80平方米，购买商品房自主安置的建档立卡贫困户每户一次性补助10万元。通过易地搬迁政策，部分贫困户住房条件得到较大改善。

6. 公共服务和社会事业

建档立卡贫困户享受多种政策补助，如教育补助、疾病救助、低保补助等。数据显示，16.67%的被访者家庭享受到教育补助，并在2016年领取到290~5430元的补助金。6.67%的被访者家庭享受到疾病补助，并在2016年领取到360~1400元的补助金。63.33%的被访者家庭享受到低保补助，并在2016年领取到700~6000元的补助金。对贫困家庭而言，各种政策补助大幅提高了家庭收入水平，对于提高生活质量、实现脱贫起到了关键作用。

第二章

政策创新与绩效评价

第一节　精准扶贫主要举措及政策落实

一　主要扶贫举措

1. 率先按照"两线合一"标准开展贫困人口精准扶贫工作

"精准识别是精准扶贫的前提与保证，应明确'贫'的具体标准，进行广泛宣传；摸准'贫'的基础数量，分别建卡立档；建立选'贫'的动态机制，做到精准管理。"[①]2015 年 11 月 3 日，扶贫工作队正式入驻俄日村开

---

① 袁文良：《"精准识别"是"精准扶贫"的前提与保证》，《青海日报》2016 年 4 月 18 日。

展工作。随后，为传达海北州精准扶贫工作会议精神，俄日村召开了精准扶贫工作动员大会，驻村工作队、村两委班子全体人员、老党员、老干部、农牧业种养殖示范户、典型户等百余人参加了会议。青海省率先提出按照低保和扶贫标准"两线合一"开展贫困人口精准识别工作，贫困户核准以 2015 年底农牧户人均纯收入低于 2970 元为基本依据，严格执行建档立卡贫困户识别的"四道红线"，有价值 3 万元以上的轿车、有财政供养人员、有商品房和商户铺面的家庭，坚决不纳入精准扶贫范围。

海晏县扶贫领导小组定任务、定责任、定时限，按照规模控制、分级负责、精准识别的原则，以乡和户为单位，采用整户识别的方式，围绕因病、因学、因残等 12 个方面，将查看精神状态和享受的优惠政策也纳入识别方式中，把"五看法"（看房、看粮、看有没有高中或以上的学生、看技能、看有没有残疾人或重病人）延伸为"七看法"，进一步提高了精准识别的科学性和准确性，做到了贫困户底数清、问题清、对策清、责任清，以及贫困村有村情档案、有问题台账、有需求清单、有村级规划、有单位帮扶、有脱贫时限，实现了户有表、村有档。海晏县按照农牧户申请—村民代表大会民主评议—村委会审查—乡镇人民政府审核—县级扶贫部门复审的流程进行整户识别。按照"两线合一"的贫困人口识别标准、"七看法"和识别流程，俄日村驻村工作队和村两委成员组成工作组对俄日村村民进行了入户走访调查，最终确定 77 户贫困户 220 人，并将其纳入扶贫信息系统。

表2-1 俄日村贫困户情况

序号	贫困户户主	纳入扶贫系统的其他家庭成员	纳入扶贫系统的家庭成员数（人）
1	青羊卓玛	万玛达日杰、更藏仁青	3
2	安太什姐	南木措、更尕	3
3	里毛措	也中	2
4	才让卓玛	才让措、赛措吉、南木姐里卓玛、斗各力多日杰、才让拉毛、才让什姐	7
5	抓保		1
6	算太加	多杰卓玛、代吉、昂青才让、加高	5
7	东知布多日杰	罗发英、卓玛	3
8	银木措	李毛卓玛	2
9	旦木切	代毛姐、党增卓玛、娘世杰万玛	4
10	结新加	宽太措毛、彭毛央吉	3
11	切保	杨科才项、达日杰、拉毛卓玛	4
12	旦木正加		1
13	南木拉	才让拉毛、本太日	3
14	旦木正	吉合太才让、加毛太、尕布藏才让	4
15	马拉加布	羊毛、杨措吉、卓玛才让、拉毛卓玛、玖西塔	6
16	多日巴		1
17	索南扎西	扎西措、周毛	3
18	尕藏		1
19	才布吞卓玛	杨杰才让	2
20	三木腾加	卓科什姐、谢斗兴东知布	3
21	花什才	杨本卓玛、增太姐力、杨毛措、慈成南德	5
22	才让卓玛	帕毛卓玛、仁青东主、仁青措	4
23	昂秀措毛	花毛什姐力、忠格吉、卓玛措	4
24	增太日		1
25	尕力玛扎西	尕布藏多日杰、才让卓玛、吉合太才让	4
26	拉木仁争		1
27	白光福	孟占花	2
28	靳有芳	李淑晶、李淑瑞、仁青措、扎西措、扎西东智	6
29	桑尕加木措		1
30	力太力加	拉列什姐力、尼城山排、扎西尖措	4
31	加科	生增多日杰、中科什姐	3
32	西毛措	俄项	2

序号	贫困户户主	纳入扶贫系统的其他家庭成员	纳入扶贫系统的家庭成员数（人）
33	安永才	安秀梅、安福帮、安木尖木措	4
34	五斤米		1
35	老者	冬措吉、松太加布	3
36	东主扎西	才什姐、尼知布措	3
37	党贵杰	华日登	2
38	达科	卓玛	2
39	才合松	杨什杰布加	2
40	松太力加	道日杰卓玛、拉毛卓玛	3
41	多芭	昂秀	2
42	杰代尖措	赛日措、党增卓玛、夸毛卓玛	4
43	才让卓玛	南木尖多日太、彭毛多杰	3
44	叶登木加	浦华才让、扎西多杰、尼知卓玛	4
45	才新加	斗拉本、才日增卓玛、南木措、多布登抓西、加木功、才让东主	7
46	拉毛卓玛		1
47	张金桂	王俊仓、王成	3
48	拉毛卓玛	多杰东知布、朋毛措	3
49	才郎尼知布		1
50	青木措	南木兴才让	2
51	童虎明	更太加、扎西措	3
52	毛姐	彭毛拉忠、杨毛措	3
53	日保	才项太、才让太、仁青措	4
54	贡成才	多日杰、付贵姐	3
55	扎西本	加毛姐	2
56	扎洛	仁青扎西	2
57	才让东主	多日杰才布旦	2
58	白光寿	方冬梅	2
59	德保	才郎本、索南东珠、花兰贡措	4
60	南木让太	更藏卓玛	2
61	周毛什姐力	朋毛措	2
62	景建忠	才姐、李太本、南太东智、才项措	5
63	三知布		1
64	宽卓才让	索南木措、斗格世姐、立毛措、索南达日杰	5
65	才科	尼迟卓玛	2
66	拉布杰	抓西姐力、杨措姐	3

序号	贫困户户主	纳入扶贫系统的其他家庭成员	纳入扶贫系统的家庭成员数（人）
67	项加	李毛卓玛、白永贞	3
68	白光洪	赫春梅、拉科	3
69	才项加		1
70	才郎斗后拉	才让姐、多布登扎西、看卓什姐力、吉合加本	5
71	南吉才郎	朋毛代吉、李科	3
72	坡玛多杰	才太什姐、沙藏加布、索南多日杰	4
73	索太	更太本	2
74	索南措		1
75	索南昂秀		1
76	安太力	朋毛措	2
77	斗口什姐	赞什吉布	2
	总计		220

扶贫工作队详细了解贫困户主要致贫原因，按因病、因残、因学、经济收入、有无劳动力、是否纳入低保、住房问题、单亲家庭、弱势群体、自然灾害、牲畜棚圈、牛羊数量、草地面积等情况详细记录了民情日记，并及时梳理归纳。其中：一般贫困户 70 户 203 人、低保贫困户 7 户 17 人。主要致贫原因如表 2-2 所示。

表2-2　贫困户主要致贫原因

致贫原因	户数（户）	人数（人）	占贫困人口比例（%）
因病	24	70	32
因残	16	38	17
缺资金	21	68	31
缺劳动力	4	11	5
自身发展能力不足	10	27	13
交通条件滞后	1	3	1
缺土地	1	3	1
总计	77	220	100

在摸准贫困人口数量的前提下，对贫困户进行建档立卡。建档立卡的主要内容包括家庭基本情况、致贫原因、帮扶责任人、帮扶计划、帮扶措施和帮扶成效六个方面。通过建档立卡，实现对贫困户的精准识别，了解贫困户的贫困状况，分析致贫原因，摸清帮扶需求，明确帮扶主体，落实帮扶措施，开展考核问效，实施动态管理。村两委和驻村工作队及帮扶责任人根据贫困户主要致贫原因和需求，制定贫困户帮扶措施。

总体来看，俄日村建档立卡户的帮扶收入主要有产业发展收入（利用产业发展到户资金发展畜牧业）、资产收入（参与本乡德州村兴盛牦牛养殖产业分红、草场租赁收入）、医疗保障和救助（新型合作医疗参保人员按比例享受国家住院报销）、生态保护收入（享受国家禁牧补助、粮食直补和退耕还林补助）、易地搬迁补助（此前未享受任何国家住房项目，申请扶贫易地搬迁项目，安置方式为在州、县买房，项目实施并通过相关部门验收后，可享受国家 10 万元补助，达到户有安全住房的标准）、社会救济和补贴（"双帮"单位、帮扶人给予的现金或物品）、公益性岗位收入（成为乡生态护林员、村级保洁员，获得工资性收入）、政策性补贴（"两线合一"建档立卡户最低生活保障金、残疾人生活补助、养老金等）、教育补助（寄宿制学生享受国家的生活补助、学杂费、书本费、营养餐补助）。统计分析，贫困人口可以获得工资性收入、经营性收入、财产性收入、转移性收入、社会救济和补贴，经济收入水平将获得较大幅度提升。

精准扶贫不仅要精准识别、精准施策，还要精准管理。自 2016 年开始，青海省每年都开展一次精准识别工作，并邀请第三方进行评估，建立起贫困人口的动态管理机制。对此，青海省制定了贫困户脱贫的 6 项标准：贫困户年人均纯收入稳定超过当年国家贫困标准；有安全住房；义务教育阶段学生无因贫辍学；参加新型农村合作医疗；参加新型农村社会养老保险；有意愿的劳动力（含"两后生"）参加技能培训。以上 6 项指标同时达到，贫困户可以脱贫。脱贫户实行整户脱贫，即脱贫户中的所有人口为脱贫人口。部分家庭或个人因某种原因成为新的贫困户，也将被及时纳入扶贫对象，贫困人口有进有出，实现了动态管理。

2017 年，扶贫工作队和村两委成员对全村 77 户贫困户再次入户调查，重新制作和填写明白卡，对精准管理手册中的缺项、漏项、错项，进行了修改和完善，对系统中的姓名错误和证件号码错误进行了更新，并制作了俄日村精准扶贫攻坚作战图和俄日村精准扶贫一览表。工作队反复深入牧户家座谈，了解牧户真实意愿，多次召开村民议事会了解村情，结合建档立卡贫困户的现状，详细制定了建档立卡户的帮扶计划，并对致贫原因进行了重新分析。

2. 选派优秀干部驻村帮扶贫困户

干部驻村帮扶工作是新形势下精准扶贫的有效手段，是适应扶贫方式转变、有效整合项目资金的务实之举，是践行党的群众路线、加强干部队伍建设的重要载体和平台。为了贯彻落实扶贫攻坚重大决策部署，实施精准扶贫战略，2015 年青海省出台了《第一书记和扶贫（驻村）工作队干部管理办法（试行）》，从管理监督、考核激励、相关保障等方面对第一书记和扶贫（驻村）工作队干部的监督、请销假、考核等做出明确规定。同时，为充分调动第一书记和扶贫（驻村）干部的工作积极性，形成激励干事创业的良好氛围，2016 年青海省又出台了《关于进一步加强第一书记和扶贫（驻村）干部关爱激励的十条措施》，在人身安全、经费保障、管理服务、走访慰问、人文关怀、培训提升、干部激励等方面切实加强对第一书记和扶贫（驻村）干部的激励关怀工作。

青海省共有 1622 个贫困村，每个村进驻一个工作队。按照每支工作队 3~5 人的要求，由结对单位选派 1 名第一书记和 1 名干部，乡镇选派 1 名包村干部，实现每个村至少有 3 名干部。派驻时间以完成治穷、治弱任务为限，每个批次驻村时间不少于 1 年。完成帮扶任务的，可整建制撤回，结对关系保留一定时间，做好后续巩固提高工作，没有完成年度任务的，队伍不撤、干部不换。

下派的驻村干部的主要任务是推动贫困村精准扶贫，按期实现脱贫；全面摸底调查村情和核实建档立卡贫困户的情况，分析贫困原因，分类建立信息档案和工作台账，实现精准识别；按照"四个一批"的要求，精准施策，帮助制定贫困村扶贫攻坚方案和贫困户脱贫计划，组织落实专项、行业扶贫项目，协助贫困村做好项目的实施和管理工作；开展"双帮"，组织落实扶贫项目，争取对口支援地区和结对单位及社会各方的大力支持，筹集和整合项目、社会、行业、市场等各类帮扶资金，推动单位党组织帮村和干部帮户任务全面落地；帮助贫困村选准发展路子，培育农牧民合作社，增加村集体收入，增强"造血"功能。[①]

图2-1　夏季草场，与扶贫工作队队员交流

（聂君拍摄，2017年7月）

第一书记和扶贫工作队成员于2015年10月进驻俄日村，第一书记担任扶贫工作队队长，另有4名成员，扶贫工作队成员情况如表2-3所示。

表2-3　俄日村扶贫工作队成员情况

姓名	性别	年龄	学历	职务	原工作单位
程坚	男	40岁	本科	队长（第一书记）	海北州社会保险服务局
扈晓途	男	42岁	大专	队员	海北州牧科所
何旭鹏	男	27岁	本科	队员	海晏县公安局
白周措	女	35岁	本科	队员	甘子河乡政府
多杰吉	男	38岁	大专	队员	甘子河乡政府

---

① 孙海玲：《青海省"第一书记"到位任职》，《青海日报》2015年10月16日。

扶贫工作队自驻村以来，治穷、治弱、治乱并举，把精准扶贫、建强班子、维护稳定统筹起来、协调推进，先后为俄日村谋划实施了风干牛肉加工、杰措旅游驿站建设等多个扶贫项目。同时，为加快俄日村畜牧业经济发展，促进生态畜牧业发展，工作队争取到"2016年海北州藏系母羊'两年三胎'高效养殖技术推广项目"专项补助资金10万元。

3."双帮"机制助力贫困人口脱贫

根据青海省委组织部制定的《关于从严落实党组织结对共建帮村党员干部结对认亲帮户"双帮"工作机制的方案》，各级各类党政机关、企事业单位党组织及所属党组织、全体在职干部职工，采取"1+1"、"1+N"或"N+1"的方式确定结对关系，即一个党组织（干部职工）帮一个或多个贫困村（贫困户），也可以多个党组织（干部职工）帮一个贫困村（贫困户）。

俄日村的联点帮扶单位是海北州医管局、海北州牧科所、海晏县公安局和海晏县兽医站，各单位党组织积极深入俄日村了解脱贫攻坚进展情况，立足实际查找问题，引进项目，争取资金，帮助农户谋划发展思路。2015年12月29日，海北州生态畜牧业科技试验示范园党委、州医管局领导带领相关人员深入海晏县甘子河乡俄日村，对该村的地理环境、基础设施建设、村民居住和社保民生等状况进行了实地查看，召开了由示范园、州医管局、驻村工作队成员、村两委班子成员及村民代表参加的座谈会，为如何依靠地理资源优势，利用有限的资金打造一个生态环境优美、村庄布局合理、村容村貌整洁、公共服务健全、乡土文化繁荣、群众生活幸福的美丽家园出谋划策。帮扶单位领导通过听介绍、实地查看，与基层干部、农牧民面对面、心贴心交流，深入了解农牧民关心的热点难点问题，了解畜牧业中存在的突出问题，对畜牧业发展、民生保障等问题进行了了解和摸底调查，并鼓励引导农牧民走种草养畜、科学养畜、高效养殖的路子。联点单位领导多次深入贫困户家中，了解他们的生产、生活、收入等情况，并给困难群众送上慰问金和慰问物资，共计 2.5 万元。

党员干部也采取了一对一结对认亲帮户的形式。2016 年 3 月 21 日，根据现有 77 户建档立卡贫困户的实际情况，海北州牧科所、州医管局、海晏县公安局、海晏县兽医站四个联点帮扶单位领导和全体党员干部及甘子河乡党委政府领导在甘子河乡俄日村党员活动室召开了精准扶贫一对一帮扶认亲会。认亲会结束后，四个单位全体干部进村入户，前往自己联系的贫困户家了解情况，面对面地与他们交心谈话，从家庭人口、草场面积、人均收入、牲畜等方面全面进行了解，共同分析了致贫原因，给贫困户送上了慰问金，并认真填写了贫困户联系卡。

党员干部通过与贫困户的交流，全面了解了贫困户脱贫致富的想法、看法、打算，鼓励困难群众进一步解放思想、转变观念，树立自强、自立意识，进一步密切党群干群关系，实现了"双结对"、与群众交朋友、帮基层解难题，切实为困难群众分忧解难。此后，各单位党员干部还不定期地到结对认亲贫困户家中，与群众同吃同住同劳动、聊家常、谋脱贫，了解结对户思想动态、家庭状况，以心换心增亲情，结对户真真切切感受到了党和政府的关怀和温暖，为精准扶贫工作打下了坚实基础。

为扎实推进精准扶贫工作，全面落实扶贫对象帮扶到户举措，在海北州生态畜牧业科技示范园（牧科所）、州医管局领导的安排部署下，分别于2016年4月和2017年3月两次派专业技术人员给甘子河乡俄日村种植饲草料的200户农牧户无偿提供优良燕麦种子47000斤。并依托牧科所的技术优势，为该村饲草种植提供科学指导，通过培训，鼓励引导农牧户建设青贮窖，提高饲草利用率，从而使饲草料科学种植的作用得以发挥。2016年6月和2017年6月，海北州牧科所两次给俄日村那卡片30户牲畜死亡较为严重的农牧户无偿发放了价值3万元的丙硫苯咪唑药物，防治绵羊可达8000余只。发放海北州"三区"科技人才服务教材60余本。鼓励贫困户用兽药治疗牲畜常

图2-2 入户调研场景

（聂君拍摄，2017年7月）

见病，逐步改变牲畜因缺药而得不到及时治疗的现状，促进了畜牧业的健康持续发展。

4. 山东援青结对帮扶推动产业发展

2015年4月，俄日村成立兰花湖生态旅游服务有限公司，带动本村12人就业。该公司集自行车驿站、牧家乐、旅游服务接待、旅游景区开发建设、农畜产品开发，以及民族工艺品研发、制作、销售于一体。公司采取"公司＋专业合作社＋贫困户"的运行模式，通过农牧户参与式扶贫、订单销售农畜产品、提供就业岗位和对老弱病残等弱势群体进行分红等形式，带动俄日村69户227人脱贫，减少了当地畜产品销售流动环节，增加了贫困群众收入，扶贫带动效益明显。同时，公司还建立了海晏查柯若尔畜产品销售专业合作社，主要经营牛羊养殖、牛羊冷鲜肉包装销售等业务，建立了杰措旅游服务驿站一处，实现年收入70万元，成为兰花湖景区重要的旅游集散地之一。

海北州海晏县是山东省临沂市对口支援县。为了推动海晏县经济发展，第三批山东援青干部突破了传统的对口支援区域协作方式，建立起全方位、立体化的结对帮扶模式。围绕脱贫攻坚这一重点，临沂、海晏两地积极开展结对帮扶工作，促成临沂市7个县区与海晏县6个乡镇、1个县直部门结成对口帮扶对子，促成临沂市20个乡镇、11家企业与海晏县20个贫困村、11家企业结成帮扶对子。截至2019年4月底，临沂的县区与海晏的乡镇、临沂的乡镇与海晏的贫困村、临沂的企业与海晏的企业三层结对工作全部完成。

在临沂援青工作组的推动下，河东区与甘子河乡结成帮扶对子。2017年5月，河东区组织有关街道、企业到甘子河乡进行对接考察。围绕脱贫帮建、产业发展这一共同目标，汤头街道、九曲街道和奥达集团、奥德集团、正直集团，与当地达玉村、俄日村、兴盛藏羊牦牛繁育专业合作社、达玉村扶贫产业园、兰花湖旅游公司签订了帮扶协议。在精准对接的基础上，河东区还向甘子河乡捐赠了100万元产业发展资金，支持培育优势产业，培植集体经济强村。援青工作组积极协调争取临沂各级各部门和社会各界支持援助，截至2017年7月，累计争取各类援助折算资金834.8万元。2017年3月，临沂市旅发委与海晏县签订了对口支援与友好合作协议，在青海旅游黄金期，及时把握海晏旅游暑期市场，结合海晏县当地旅游发展实际情况，积极协调临沂市内媒体，帮助海晏县开展了一系列旅游宣传推介活动，助力海晏扩大旅游宣传范围，提高知名度、影响力。

一是协调临沂市国际旅行社有限公司的"好客旅游网"平台，对海晏旅游资源及服务信息进行了宣传，并协调临沂国际旅行社专门策划设计了包括海晏在内的西北旅游精品线路产品。二是协调临沂市发行量最大的《临沂日报》，免费为海晏县做一期旅游专版，专版以图文并茂的方式，向临沂市民详细介绍了海晏基本情况、景区景点和吃、住、行、购等方面信息，为临沂人民赴海晏旅游提供了一份资料翔实、信息全面的旅游攻略。本着"海晏旅游所需、临沂旅游所能"的原则，临沂在海晏旅游营销宣传、人才培训、规划设计、商品研发等方面给予全力支持帮助，助推海晏旅游业发展。越来越多的山东人，尤其是临沂人来海晏旅游，将为俄日村带来更多的旅游收入。

5. 建档立卡"回头看"实现贫困人口动态调整

为进一步动态核实调整建档立卡贫困户和贫困人口，确保建档立卡扶贫对象精确精准，2017 年，俄日村组织开展了全覆盖的建档立卡"回头看"，看扶贫对象准不准、看脱贫需求清不清、看帮扶机制实不实、看资金使用准不准、看指标数据全不全、看脱贫成效真不真，实现扶贫对象动态化精准管理，为实施精准扶贫，扶真贫、真扶贫和打赢提前实现整体脱贫攻坚战筑牢坚实基础。

表 2-4　俄日村脱贫攻坚"回头看"问题清单

户主姓名	家庭人口	问题类型	排查出的问题及原因	整改措施（无法确定整改措施的，提出意见建议）
扎西本	2	未整户识别	1. 该户户口本 5 人，识别 2 人，未识别 3 人（才项太、宋太吉、才让抓西）。长子才项太，2015 年精准识别时，只纳入了享受低保的两个人，所以没有把才项太纳入贫困户中。在"回头看"工作中，发现户主之妹宋太吉、才让抓西（宋太吉之子）是 2017 年 3 月 3 日由青海湖乡同宝村新迁入的，所以没有纳入贫困户中	1. 及时上报县扶贫部门，待获得扶贫系统修改权限后，将才项太纳入贫困户中 2. 年底系统自然变更时将宋太吉和才让抓西纳入贫困户中
拉木仁争	3	未整户识别	该户户口本 4 人，识别 3 人，未识别 1 人：长子科特加布，现在佛海寺当僧侣。由于 2015 年精准识别时，只纳入了享受低保的三个人，所以没有把科特加布纳入贫困户中	及时上报县扶贫部门，待获得扶贫系统修改权限后，将科特加布纳入贫困户中

户主姓名	家庭人口	问题类型	排查出的问题及原因	整改措施（无法确定整改措施的，提出意见建议）
东主扎西	3	人户分离	该户户口本4人，识别3人，未识别1人：长女仁青措。由于仁青措已出嫁两年以上，至今户口未迁出，属于人户分离，所以未识别	按相关要求，人户分离的不纳入建档立卡贫困户中
南木让太	4	未整户识别	该户户口本5人，识别4人，未识别1人：长子杨杰加。由于2015年精准识别时，只纳入了享受低保的四个人，所以没有把杨杰加纳入贫困户中	及时上报并联系扶贫部门，获得扶贫系统修改权限后立即按照"整户识别"要求，添加应识家庭成员
才布吞卓玛	1	未整户识别	该户户口本2人，识别1人，未识别1人：长女昂青措（高中生）。由于2015年精准识别时，只纳入了肢体残疾三级的一个人，所以没有把昂青措纳入贫困户中	及时上报并联系扶贫部门，获得扶贫系统修改权限后立即按照"整户识别"要求，添加应识家庭成员
花什才	5	人户分离	该户户口本5人，识别5人，长女杨本卓玛现年23岁，由于长女杨本卓玛于2017年4月28日出嫁，户口尚未迁出，属于人户分离	按相关要求，人户分离的不纳入建档立卡贫困户中
才郎斗后拉	3	未整户识别	该户户口本6人，识别3人，未识别3人：拉毛卓玛，配偶；昂什姐，二女；美多杰，母亲。由于2015年精准识别时，只纳入了享受低保的三个人，所以没有把拉毛卓玛、昂什姐和美多杰三人纳入贫困户中	及时上报县扶贫部门，待获得扶贫系统修改权限后，将拉毛卓玛、昂什姐和美多杰三人纳入贫困户中
松太力加	3	其他	该户户口本3人，识别3人。该户装修水平超过一般贫困户标准，并于2016年12月购买一辆价值40900元的比亚迪F3车辆；同时，将位于甘子河乡小集镇街道的危房改造房屋以铺面形式向外出租，每月收取租金400元（当时因病纳入建档立卡贫困户，之后一年时间其自身发展态势良好，自愿退出贫困户）	针对其特殊情况和自愿退出贫困户申请，经村两委研究，建议该户退出贫困户

户主姓名	家庭人口	问题类型	排查出的问题及原因	整改措施（无法确定整改措施的，提出意见建议）
东知布多日杰	2	未整户识别	该户户口本3人，识别2人，未识别1人。未识别才让吉（配偶）。2015年精准识别时，只纳入了享受低保的两个人，所以没有把才让吉纳入贫困户中	及时上报并联系扶贫部门，获得扶贫系统修改权限后立即按照整户识别要求，添加应识家庭成员
多芭	2	未整户识别、人户分离	该户户口本4人，识别2人，未识别2人。未识别配偶杨措，女儿才毛姐，由于2015年精准识别时，只纳入了享受低保的两个人，所以没有把杨措纳入贫困户中，但由于长女才毛姐已出嫁，户口尚未迁出，属于人户分离	及时上报并联系扶贫部门，获得扶贫系统修改权限后立即按照整户识别要求，添加应识家庭成员。同时，按相关要求，人户分离的不纳入建档立卡贫困户中
拉毛卓玛	3	未整户识别	该户户口本4人，识别3人，未识别1人。未识别长子宽卓什加；由于2015年精准识别时，只纳入了享受低保的三个人，所以没有把宽卓什加纳入贫困户中	及时上报并联系扶贫部门，获得扶贫系统修改权限后立即按照整户识别要求，添加应识家庭成员
南木拉	3	未整户识别	该户户口本5人，识别3人，未识别2人。未识别外孙女彭毛才昂、孙女周婧措木；由于2015年精准识别时，只纳入了享受低保的三个人，所以没有把彭毛才昂和周婧措木纳入贫困户中	及时上报并联系扶贫部门，获得扶贫系统修改权限后立即按照"整户识别"要求，添加应识家庭成员
青木措	2	未整户识别	该户户口本3人，识别2人，未识别1人。外孙女拉毛才让；由于2015年精准识别时，只纳入了享受低保的两个人，所以没有把拉毛才让纳入贫困户中	及时上报并联系扶贫部门，获得扶贫系统修改权限后立即按照"整户识别"要求，添加应识家庭成员
索南昂秀	1	未整户识别	该户户口本2人，识别1人，未识别1人。弟弟才让扎西；由于2015年精准识别时，只纳入了视力残疾二级的一个人，所以没有把才让扎西纳入贫困户中，但因才让扎西2014年已招婿至祁连，户口未迁出	按相关要求，人户分离的不纳入建档立卡贫困户中

户主姓名	家庭人口	问题类型	排查出的问题及原因	整改措施（无法确定整改措施的，提出意见建议）
五斤米	2	未整户识别	该户户口本4人，识别2人，未识别2人。未识别外孙子角巴才让、外孙女更藏卓玛。由于2015年精准识别时，只纳入了享受低保的两个人，所以没有把角巴才让和更藏卓玛纳入贫困户中	及时上报并联系扶贫部门，获得扶贫系统修改权限后立即按照整户识别要求，添加应识家庭成员
银木措	3	未整户识别	该户户口本4人，识别3人，未识别1人。未识别孙子站松加布。由于2015年精准识别时，站松加布长期不在家中，属人户分离，所以未将站松加布识别。该户于2017年3月14日分户（户主银木措和孙子站松加布为一户，女儿卓玛和女婿罗发英为一户），导致户籍信息与扶贫信息不一致	建议县扶贫部门研究决定。是否将站松加布、卓玛和罗发英识别成贫困户
才科	2	未整户识别	该户口本4人，识别2人，未识别2人。未识别妻子结合措、母亲加巴。由于2015年精准识别时，只纳入了享受低保的两个人，所以没有把结合措、加巴纳入贫困户中	及时上报并联系扶贫部门，获得扶贫系统修改权限后立即按照整户识别要求，添加应识家庭成员
达科	5	未整户识别	1.该户户口本5人，识别2人，未识别3人，分别为长女安木杰拉毛、外孙女旦木真措、外孙子才让安木杰力。由于2015年精准识别时，只纳入了享受低保的两个人，所以没有把安木杰拉毛、旦木真措、才让安木杰力三人纳入贫困户中 2.达科不愿意拆除原址房屋（复垦），自愿放弃享受2017年易地搬迁州县买房政策	及时上报县扶贫部门，待获得扶贫系统修改权限后，将安木杰拉毛、旦木真措、才让安木杰力纳入贫困户中。易地搬迁项目在尊重贫困户意愿的同时征求县扶贫部门的意见

户主姓名	家庭人口	问题类型	排查出的问题及原因	整改措施（无法确定整改措施的，提出意见建议）
里毛措	3	未整户识别	该户户口本3人，识别2人，未识别1人。未识别长子普毛才让。由于2015年精准识别时，只纳入了享受低保的两个人，所以没有把普毛才让纳入贫困户中	及时上报县扶贫部门，待获得扶贫系统修改权限后，将普毛才让纳入贫困户中
毛姐	4	未整户识别	该户户口本4人，识别3人，未识别1人。未识别外孙子拉华多杰。由于2015年精准识别时，户口本上有3人，就纳入了3人。在"回头看"工作中，发现户主之外孙子拉华多杰是2016年3月由热水村新迁入的，所以没有纳入贫困户中	建议年底系统自然变更时将拉华多杰纳入贫困户中
扎洛	3	未整户识别	该户户口本3人，识别2人，未识别1人。未识别孙女公宝措。由于2015年精准识别时，只纳入了享受低保的两个人，所以没有把公宝措纳入贫困户中	及时上报县扶贫部门，待获得扶贫系统修改权限后，将公宝措纳入贫困户中
青羊卓玛	4	未整户识别	该户户口本4人，识别2人，未识别2人。未识别长女吉合毛措、次女银木措。由于2015年精准识别时，只纳入了享受低保的两个人，所以没有把吉合毛措、银木措纳入贫困户中	及时上报县扶贫部门，待获得扶贫系统修改权限后，将吉合毛措、银木措纳入贫困户中
昂秀措毛	3	未整户识别	该户户口本3人，识别2人，未识别1人。未识别祖母格保。由于2015年精准识别时，只纳入了两个人，没有把格保纳入贫困户中	及时上报县扶贫部门，待获得扶贫系统修改权限后，将格保纳入贫困户中
孠藏	5	未整户识别	该户户口本5人，识别1人，未识别4人。未识别父亲高列、母亲仁青卓玛、弟弟松太日加布、弟媳才让措。由于2015年精准识别时，因孠藏肢体二级残疾，只纳入1人，所以没有把高列、仁青卓玛、松太日加布、才让措纳入贫困户中	建议按照县残联文件要求，只将重度残疾人纳入贫困户，其余四人不纳入贫困户范畴

户主姓名	家庭人口	问题类型	排查出的问题及原因	整改措施（无法确定整改措施的，提出意见建议）
老者	5	未整户识别	该户户口本5人，识别3人，未识别2人。未识别长子索南加木措、孙子多日杰生智布。由于2015年精准识别时，只纳入了两个人，没有把索南加木措、多日杰生智布二人纳入贫困户中	及时上报县扶贫部门，待获得扶贫系统修改权限后，将索南加木措、多日杰生智布纳入贫困户中
旦木正	3	人户分离	该户户口本3人，识别2人，未识别1人。未识别儿媳妇杨毛措。由于杨毛措于2016年8月离婚，至今户口未迁出，属于人户分离，所以未识别	按相关要求，人户分离的不纳入建档立卡贫困户中
宽卓才让	5	人户分离	户口本5人，识别5人。由于外甥女斗格世姐于2015年出嫁到刚察县沙柳河镇永丰村，至今户口未迁出，属于人户分离，建议取消贫困人口资格	按相关要求，人户分离的不纳入建档立卡贫困户中
杰代尖措	4	未整户识别	该户户口本4人，识别3人，未识别1人。未识别妻子李毛看布姐力。在"回头看"工作中，发现户主妻子李毛看布姐力户口2016年3月3日从青海湖乡同宝村迁入，所以没有纳入贫困户中	建议年底系统自然变更时将李毛看布姐力纳入贫困户中
桑尕加木措	4	未整户识别	该户户口本4人，识别3人，未识别1人。未识别母亲达力什姐。由于2015年精准识别时，只纳入了3个人，没有把达力什姐纳入贫困户中。户主之女扎西措已出嫁，户口已转出，属于人户分离	及时上报县扶贫部门，待获得扶贫系统修改权限后，将达力什姐纳入贫困户中；同时，将人户分离的扎西措从系统中删除
才让东主	2	未整户识别	该户户口本为4人，识别2人，未识别2人。未识别配偶杨措姐、长女措毛姐。由于在2015年识别时只纳入了享受低保的两个人，所以没把杨措姐和措毛姐纳入贫困户中	及时上报并联系扶贫部门，获得扶贫系统修改权限后立即按照整户识别要求，添加应识家庭成员

户主姓名	家庭人口	问题类型	排查出的问题及原因	整改措施（无法确定整改措施的，提出意见建议）
南吉才郎	5	其他方面	该户户口本为5人，识别5人。2017年4月27日因成家分户（户主南吉才郎和妻子李科一户；女儿看着什姐力、女婿吉合加本、外孙女朋毛措一户）。导致户籍信息与扶贫信息不一致	建议县扶贫部门研究决定，是否将女儿看着什姐力、女婿吉合加本、外孙女朋毛措纳入贫困户
才郎尼知布	1	车辆方面	通过"回头看"工作，发现才朗尼知布于2016年以3万元购入1辆奇瑞牌二手小轿车	建议县扶贫部门研究决定，是否界定为"拥有车辆"
宽卓才让	5	车辆方面	通过"回头看"工作，发现宽卓才让将本人2008年购买的吉利牌小轿车以1.5万元出售后（未过户），2013年买主因交通事故致使车辆报废（未销户）	建议县扶贫部门研究决定，是否界定为"拥有车辆"
旦木切拉木仁争	5	僧人	旦木切长子娘什杰万玛、次子吉合太才让，适龄儿童入寺当僧人	积极动员，做好思想工作，建立学籍档案，力争返校入学
加科	4	人户分离	该户户口本4人，识别3人，未识别1人。未识别女婿扎西尖措。由于扎西尖措已离家四年，长期失联。同时，于2017年5月办了离婚证，但户口未迁出，属于人户分离，所以未识别	按相关要求，人户分离的不纳入建档立卡贫困户中

截至2017年5月，俄日村共梳理出35条具体问题，其中主要问题有未整户识别、人户分离、车辆方面等三类，在扶贫系统中增加未识别人员37名（其中7人由于系统问题无法录入系统），减少4名。目前扶贫信息系统中贫困户为76户246人。通过精准识别"回头看"工作，海晏县贫困户和贫困人口实现了动态调整，全县共有建档立卡贫困人口477户1467人，其中一般贫困户401户1305人、低保贫困户76户162人，贫困残疾人163户

183 人。对比发现，俄日村贫困程度较深，贫困户占全县贫困户总数的 15.93%，贫困人口占全县贫困人口总数的 16.77%。

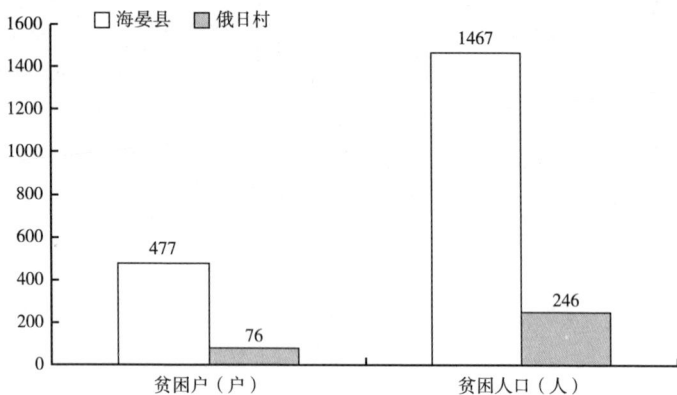

图 2-3　海晏县与俄日村贫困户和贫困人口情况

二　扶贫政策落实

1. 医疗救助政策

2015 年，青海省人力资源和社会保障厅制定《青海省医疗保障和救助脱贫攻坚行动计划》，针对建档立卡贫困人口，实施医疗保障和救助脱贫攻坚行动。2016~2020 年，建档立卡贫困人口看病就医，可免普通挂号费、住院病人药费、诊察费、检查费、检验费、麻醉费、手术费，住院床位费可减免 10%。实现建档立卡贫困人口免费白内障复明手术全覆盖、贫困先天性心脏病患儿手术全覆盖、包虫病免费药物治疗和手术费用补助全覆盖、贫困地区孕产妇住院分娩补助全覆盖、贫困地区育龄妇女补服叶酸全覆盖、新生儿疾病筛查和儿童营养改善项目全覆盖、贫困地区免费孕前优生健康检查全覆盖、贫困地区计划生育免费技术服务全覆盖、贫困人口疾病应急救助全覆盖。对"三无"人员及时给予医疗救治，实现贫困地区65岁以上老年人免费健康体检全覆盖。对贫困人口参加城乡居民基本医保个人缴费部分，由民政部门从各级财政安排的城乡医疗救助资金给予全额资助。落实贫困人口重大疾病门诊救助政策，贫困人口因恶性肿瘤需放化疗、慢性肾功能衰竭需肾透析，以及器官移植后抗排异治疗和血友病等重大疾病，在门诊治疗发生的政策范围内费用，经基本医疗保险报销后，剩余部分按80%给予救助，特困供养对象给予100%救助，每人每年门诊救助限额为1万元。贫困人口在定点医疗机构住院期间发生的医疗费用，经政策减免及基本医疗保险、城乡居民大病医疗保险报销后，剩余政策范围内或合规医疗费用，给予80%救助，特困供养对象给予100%救助，每人每年救助限额为5万~6万元。患重特大疾病贫困人口在定点医疗机构住院发生的医疗费用，年度内个人承担费用（含自费部分）累计超过3万元以上部分，按60%给予救助，每人每年救助限额为10万元。

俄日村地处高原地区，气候高寒湿冷。长期生活在这里，农牧民普遍患有关节炎、心脏病、高血压、肝包虫等疾病。医疗费用支出占农牧民日常生活支出的比重较高，压缩了日常生活生产费用，降低了农牧民生活水平。一些重特大疾病导致农牧民彻底丧失生产能力，负债累累。

"一免七减""十覆盖""重大疾病门诊救助""重特大疾病救助"等卫生扶贫政策措施的实施，很大程度上解决了建档立卡贫困户的就医困难，强化了医疗精准扶贫，提升了贫困人口的健康指数。目前，俄日村建档立卡贫困户全部缴纳了医疗保险金，享受各类卫生扶贫政策。

2. 生态保护与服务政策

2016 年，青海省政府制定《生态保护与服务脱贫攻坚行动计划》，在全省设置生态公益管护岗位 4.31 万个，安排建档立卡贫困户 4.31 万人从事生态公益管护工作，每人每月工资 1800 元。其中，原有岗位 0.43 万个、新增岗位 3.88 万个。新增岗位管护员全部从当地精准识别建档立卡贫困人口中聘用，一岗一人。西宁市、海东市、海西州和海北州共设置生态公益管护岗位 8130 个。同时，为深入实施农牧区贫困家庭就业援助计划，帮助农牧区建档立卡贫困户早日脱贫，海晏县在各乡镇开发就业创业公益性岗位，安置农牧区贫困劳动者就业。该公益性岗位人员均由各乡镇负责管理，按月发放公益性岗位补贴 600 元。

目前，俄日村有 11 名建档立卡贫困户从事生态公益性岗位，另有 6 名贫困户从事保洁员公益性岗位。全部公益性岗位实行乡、村两级管理，充分调动了建档立卡贫困户的工作积极性和主动性。从事生态公益性岗位的贫困人员每年可以获得工资性收入 21600 元，从事保洁员公益性岗位的贫困人员每年可以获得工资性收入 7200 元。贫困家庭中有一人从事公益性岗位，全家便可获得较为可观的工资性收入。

3. 产业扶贫政策

2015 年，青海省扶贫开发局发出《关于做好 2015 年产业扶贫项目重点工作的通知》，规定对建档立卡贫困户进行产业扶持。采取农区、牧区差别化的扶持标准扶持贫困人口。农区人均产业扶贫标准为 5400 元，牧区人均产业扶贫标准为 6400 元。省财政厅按此标准将资金切块下达到县，县级人民政府严格按照此标准精准落实到户。同时，各县可统筹市（州）级、县级财政预算安排的扶贫资金、社会帮扶资金，根据各村产业发展实际，给予差异化补助。对同一建档立卡贫困户不得重复安排产业扶贫项目。完全丧失劳动能力的贫困人口由民政低保兜底，不再安排产业发展资金支持。

2016 年，俄日村严格按照产业扶贫标准将 6400 元到户资金全部发放给建档立卡贫困户，发放金额为 128 万元。建档立卡贫困户充分利用产业发展到户资金，购买母羊等牲畜发展畜牧业。按一家三口计，贫困家庭可获得 19200 元产业发展到户资金，按时价计算可购买 43 只母羊。2016 年，一只成年公羊可卖得 300 元左右，三口之家实现脱贫只需卖出 33 只成年公羊。根据羊的生长周期和母羊数量，三口之家的贫困家庭依靠养殖脱贫并不困难。

4. 易地搬迁政策

为改善建档立卡贫困户的生产生活条件，2016 年青海省制定了《易地搬迁脱贫攻坚行动计划》，对部分建档立卡贫困户和非建档立卡贫困户进行易地搬迁。对集中安置的建档立卡贫困户，西宁市、海东市每户补助 8 万元，藏区六州每户补助 9 万元，每户自筹建房资金 1 万元。群众自筹有困难的，可由地方政府协调申请银行贷款，省政府予以贴息。对自主安置的建档立卡贫困户，每户一次性补助 10 万元。易地搬迁建档立卡贫困户户均建房 80 平方米，配套建设项目有水、电、路、网等基础设施和学校、卫生室等公共服务设施，对迁出区原宅基地进行复垦。

目前，俄日村已有 34 户建档立卡贫困户享受易地搬迁政策。其中，13 户为本村就近新建住房，21 户为进城上楼搬迁，目前第一阶段验收结束，项目进展顺利。进城上楼的贫困户外出务工，可获得较为可观的工资性收入。

图 2-4　易地扶贫搬迁项目公告牌

（聂君拍摄，2017 年 7 月）

5. 金融扶贫政策

青海省 42% 的贫困人口主要致贫因素是缺少发展资金，高出全国近 20 个百分点。尽管全省构建了"三位一体"的扶贫产业体系，但发展资金的短缺一定程度上影响了贫困群众持续稳定脱贫。[①]2015年，中国人民银行西宁中心支行联合青海省扶贫局，与青海省财政厅等部门出台了《金融支持精准扶贫青海行动方案》，并开展"530"扶贫小额贷款工程。[②]有发展项目、有劳动能力、有资金需求，并且信用良好的建档立卡贫困户，可向当地主办银行申请"530"扶贫小额贷款。当地财政、扶贫部门对此类贷款按基准利率给予贴息，贫困户享受0利率贷款。

目前，已有27户俄日村建档立卡贫困户成功申请到"530"扶贫小额贷款。贫困户的生产资金多为自有资金、亲朋借贷资金，因缺少有效抵押物，向银行等金融机构贷款非常困难。而"530"扶贫小额贷款可以免担保、免抵押，而且政府全额贴息，解决了贫困户生产资金来源单一、银行贷款难、贷款贵的问题。

6. 教育救助政策

青海省全面实施"雨露计划"，对建档立卡贫困户家庭在校子女开展贫困大学生资助和职业学历教育补助。贫困大学生资助按照本科生每生每年6000元、专科生每生每年5000元、少数民族预科生每生每年4000元的标准进行。职业学历教育补助按照中职、高职每生每年3000元的标准进行。以上符合条件已享受扶贫助学资助或补助的建档立卡户，其子女在校期间无论其家庭是否脱贫，都继续享受资助或补助直至子女毕业。此外，高中住校生可享

---

① 花木嵯：《"530"扶贫小额贷款让贫困户脱贫"不差钱"》，《青海日报》2017年3月24日。

② 5万元以下，3年期以内，执行基准利率的信用贷款。

受生活补助 2000 元 / 年、学杂费 340 元 / 年、书本费 400 元 / 年、营养餐补助 800 元 / 年；初中住校生可享受生活补助 1700 元 / 年、学杂费 240 元 / 年、书本费 170 元 / 年、营养餐补助 800 元 / 年；小学住校生可享受生活补助 1500 元 / 年、学杂费 200 元 / 年、书本费 90 元 / 年、营养餐补助 800 元 / 年。

虽然青海省已全面实施九年义务教育，但俄日村村内无中小学，全村学龄儿童必须到镇里或者海晏县城寄宿制学校就学，除学杂费、书本费外，餐费等日常生活费用支出多，教育支出占家庭生活支出的比例较高，这对学龄儿童接受义务教育阶段以外的高层次学历教育，以及贫困家庭集中资金发展生产都产生了一定的负面影响。目前，俄日村建档立卡贫困户 57 名学生全部享受到教育救助政策，贫困学生就学难的问题基本得到解决。

7. 生活补助政策

2016 年，青海省对农村牧区低保对象按三种类型进行管理和实施分档生活补助。一是对无劳动能力或部分丧失劳动能力的家庭，每人每年补助 2500 元，实行完全兜底报账，不再安排扶贫项目和资金。二是原低保对象中有劳动能力的家庭，每人每年补助 2016 元，由扶贫部门安排扶贫项目和资金。三是对新增低保对象（扶贫建档立卡户），每人每年补助 400 元，具备条件的地区，可以实行"据实补差"。此外，对 60 岁以上的老年人、重度残疾人、长期卧床病人、单亲家庭和 16 岁以下儿童按每年 200 元增发保障金；对本人无固定经济收入的一级、二级残疾人按照每人每月 100 元标准发放生活补贴；对低收入家庭的三级、四级残疾人按照每人每月 50 元标准发放生活补贴；对重度残疾人按照每人每月 100 元标准发放护理补贴。

目前，俄日村农牧民建档立卡贫困户 7 户 17 人享受低保生活补助政策，16 户 38 人享受残疾人生活补助。虽然低保生活补助和残疾人生活补助标准较低，但基本可以解决贫困人员的温饱问题。

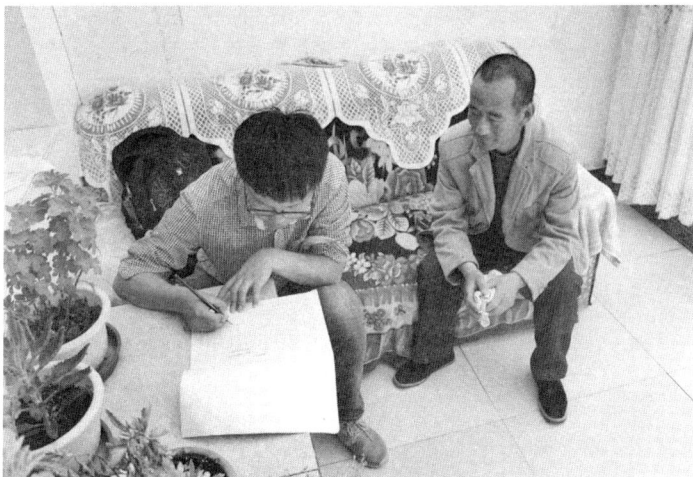

图 2-5　入户调研场景

（聂君拍摄，2017 年 7 月）

8. 扶贫互助资金政策

"为进一步健全完善财政扶贫资金使用管理的新机制新模式，有效缓解贫困农牧户生产发展所需资金的短缺问题，2016 年，青海省扶贫局在全省 1622 个建档立卡贫困村安排贫困村村级互助资金，在每个贫困村投入财政扶贫资金 50 万元，共计资金 8.1 亿元。这笔资金主要用于解决贫困户发展生产的短期低息借款、产业发展问题。"①

目前，俄日村以省扶贫局安排的村级互助资金为主体，号召村民自愿按比例缴纳互助金，实现民有、民用、民管、民享。建档立卡贫困户可以免交互助金，同时享有与其他入社农户同等权利，并优先获得资金和技术支持，还可以无偿使用互助资金。2016 年，俄日村扶贫互助资金入社率达到了 100%，43 户贫困户使用互助资金 21.5 万元。互助资金的使用规模不大，但在一定程度上缓解了贫困户生产资金匮乏的难题。

第二节　精准扶贫绩效评价

一　研究述评

合理的扶贫绩效评价结果将为精准扶贫的深入推进奠定坚实基础，随着我国扶贫工作进入脱贫攻坚决胜期，精准扶贫绩效评价的作用愈显重要。国内外学者对精准扶贫绩效的评价既有定性研究，又有定量研究，经梳理发现已有研究大致可分为三类。

一是扶贫绩效评价指标体系研究。这方面，国外研究

---

① 孙海玲：《青海省 8 亿元互助资金助力贫困村脱贫攻坚》，《青海日报》2016 年 11 月 17 日。

起步较早，扶贫绩效评价指标体系较为完善。1990年世界银行提出的贫困群体生活福利指标和联合国开发计划署（UNDP）提出的人类发展指数，以及2000年联合国峰会上提出的千年发展目标，影响非常广泛，得到国内学者的大量借鉴。张榆琴等基于云南红河哈尼族彝族自治州的贫困状况，构建了包括精准识别、精准帮扶、经济社会发展、基础设施建设、减贫效益5个一级指标和15个二级指标的精准扶贫绩效评价指标体系。[①] 魏名星等以国务院扶贫办制定的《建立精准扶贫工作机制实施方案》为依据，构建了包括精准识别、精准帮扶、精准管理3个维度的扶贫绩效评价指标体系。[②]

二是扶贫绩效评价方法研究。随着扶贫绩效评价的重要性逐渐增强，扶贫绩效评价方法也日益多元化。Habibovn利用静态DEA数据包络法对加拿大社会福利计划的减贫绩效进行了评价。[③] 陈爱雪等利用层次分析法对我国精准扶贫绩效进行评价，认为贫困人口识别、产业扶贫精准率等因素对精准扶贫效果有显著性影响。[④] 焦克源等以少数民族贫困县为对象，利用主成分分析法评价扶贫绩效，认为少数民族地区扶贫绩效比较显著，但与全国相比仍存在

---

① 张榆琴、李学坤、李鹤、胡丽：《云南省红河州精准扶贫绩效研究》，《青岛农业大学学报》2017年第4期，第25~31页。

② 魏名星、李名威、杨美赞：《绩效评价视角下河北省精准扶贫指标体系的构建与实践分析》，《安徽农业科学》2017年第24期，第242~245页。

③ Habibovn N., Fan L., "Comparing and Contrasting Poverty Reduction Performance of Social Welfare Programs Across Ju-risdictions in Canada Using Data Envelopment Analyisis(DEA): an Exploratory Study of the Era of Devolution", *Evaluation & Program Planning*, 2010(4): 457-467.

④ 陈爱雪、刘艳：《层次分析法的我国精准扶贫实施绩效评价研究》，《华侨大学学报》2017年第1期，第116~129页。

较大的经济发展差距。① 钱力等利用模糊数学评价法，对安徽省大别山连片特困区进行扶贫绩效评价，认为经济发展、生产生活方面比生态环境、社会发展方面的成效更加明显。② 杨毅等利用 SEM 模型对环渝连片特困区进行扶贫绩效评价，认为扶贫供给不足、扶贫政策不精准等是阻滞扶贫绩效提升的关键因素。③

三是基于绩效评价的扶贫路径研究。某些扶贫绩效评估不仅能呈现扶贫效果，还能对影响扶贫成效的因素进行分析，部分学者基于绩效评价提出了具体扶贫路径。张建伟等运用主成分因子分析法对 14 个连片特困地区进行扶贫绩效评价，并提出加大公共品投资力度、优化公共品供给体系等建议。④ 马媛等从减贫效益、经济效益、社会效益三个维度对甘肃省精准扶贫进行绩效分析，提出形成扶贫主体多元化格局、健全瞄准对象识别机制等路径。⑤

综上所述，已有研究在扶贫绩效评价指标体系构建和评价方法使用，以及扶贫路径方面都做了深入研究，为本研究提供了良好的思路与借鉴，但仍存在一些不足之处有待完善。第一，已有扶贫绩效评价指标体系中的指标繁多，包括经济、政治、文化、生态等各个层面，却忽视

---

① 焦克源、徐彦平：《少数民族贫困县扶贫开发绩效评价的实证研究——基于时序主成分分析法的应用》，《西北人口》2015 年第 1 期，第 91~96 页。
② 钱力、倪修凤、宋俊秀：《连片特困区精准扶贫多维绩效模糊评价——以安徽省大别山区为例》，《华东经济管理》2018 年第 3 期，第 22~27 页。
③ 杨毅、张琳：《环渝连片特困区精准扶贫效益评价及增进策略——基于 SEM 模型的实证分析》，《西南大学学报》2017 年第 5 期，第 53~62 页。
④ 张建伟、杨阿维：《精准扶贫视域下农村公共品供给绩效评价研究——基于 14 个连片特困地区的实证分析》，《西藏大学学报》2017 年第 3 期，第 129~137 页。
⑤ 马媛、孔龙：《甘肃省精准扶贫绩效评价及对策研究》，《云南农业大学学报》2017 年第 4 期，第 17~21 页。

了精神层面的扶贫，经济扶贫与精神扶贫相脱离，以致扶贫绩效评价结论不够准确，而且指标体系中定性指标偏多，指标数据难以获得。第二，我国现阶段实施的精准扶贫是以村庄为单位展开的，但相应的村级精准扶贫绩效评价指标体系并不多见，面对千差万别的村情，宏观层面的绩效评价很难有效指导村级扶贫工作的实施。第三，精准扶贫绩效评价方法虽多，但多数方法操作过程繁杂，实操性不强。针对以上不足，本文将从俄日村扶贫实际出发，构建一个村级精准扶贫绩效评价指标体系，并利用模糊层次分析法进行绩效评价，为村级精准扶贫绩效评价提供范本。

二 数据来源

针对 76 户建档立卡贫困户进行问卷调查，每户按照最近生日法进行户内抽样，共回收 76 份有效问卷。

表 2-5 样本的人口学特征

单位：%

项目		比例
性别	男	64.47
	女	35.53
年龄	18~30 岁	14.47
	31~40 岁	23.68
	41~50 岁	30.26
	51~60 岁	18.42
	60 岁以上	13.17

项目		比例
民族	汉族	17.11
	蒙古族	2.63
	藏族	80.26
文化程度	文盲	61.84
	小学	19.74
	初中	13.16
	高中及以上	5.26

三 研究方法

在绩效评价方法中较为常用的是模糊层次分析法，该方法能够较好地解决指标权重确定问题。因此，本文采用模糊层次分析法确定指标权重。

1. 构建评价递阶层次结构

通过分析各相对独立因素对绩效评价的影响，利用层次分析法构建一个包含准则层和指标层的多层次评价递阶结构，如图 2-6 所示。

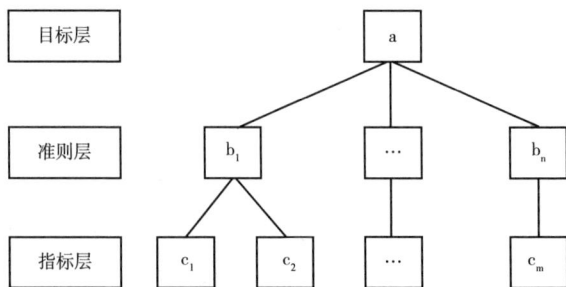

图 2-6 多层次评价递阶结构

2. 构建模糊互补判断矩阵

在明晰各因素之间的隶属关系的前提下，邀请相关专家采用 0.1~0.9 标度法构建准则层相对于目标层和指标层相对于准则层的模糊互补判断矩阵。准则层对目标层的模糊互补判断矩阵如下所示：

$$A = \begin{vmatrix} b_{11} \cdots, b_{1n} \\ b_{21} \cdots, b_{2n} \\ b_{31} \cdots, b_{3n} \end{vmatrix}$$

3. 指标权重确定

根据模糊互补判断矩阵，利用公式 1 确定指标权重，公式 2 为模糊互补判断矩阵的权重向量：

公式 1：$W_i = \dfrac{\sum\limits_{i=1}^{n} a_{ij} + \dfrac{n}{2} - 1}{n(n-1)}$，（$i = 1, 2, \cdots\cdots, n$）

公式 2：$W = (W_1, W_2, \cdots\cdots, W_n)$

4. 特征矩阵构建

对专家给出的模糊互补判断矩阵，不一定具有满意的相容性，因此有必要进行一致性检验。首先需要构建模糊互补判断矩阵的特征矩阵，如公式 3 所示：

公式 3：$W_{ij} = \dfrac{W_i}{W_i + W_j}$（$\forall i, j = 1, 2, \cdots\cdots, n$）

公式 4：$W^* = (W_{ij})_{m \times n}$

公式 4 为模糊互补判断矩阵 A 的特征矩阵。

5. 一致性检验

CI 为模糊互补判断矩阵 A 和特征矩阵 W^* 的相容性指标，CI 的计算公式如公式 5 所示：

公式5：$CI(A, W^*) = \dfrac{1}{n^2}\sum\limits_{i=1}^{n}\sum\limits_{j=1}^{n}|b_{ji}+w_{ij}-1|$

如果 $CI \leqslant \alpha$（$\alpha=0.1$），则说明通过了一致性检验，指标权重可用。

6. 指标权重排序

当准则层对于目标层，以及指标层相对于上一级准则层的指标权重确定后，可以求得指标层中的指标对目标层的权重，如公式6所示：

公式6：$c_j = \sum\limits_{k=1}^{m} b_k c_{kj}$（$j=1, 2, \cdots\cdots, m$）

四　评价指标体系构建

借鉴已有研究成果，基于指标的相对独立性与可获得性，构建一个包括3个一级指标、8个二级指标的村级精准扶贫绩效评价指标体系，如表2-6所示。

表2-6　村级精准扶贫绩效评价指标体系

目标层	准则层	指标层	方向
村级精准扶贫绩效	精准实施	精准识别	+
		精准施策	+
		精准管理	+
	经济脱贫	贫困发生率	−
		贫困户返贫风险	−
		贫困户经济状况满意度	+
	精神脱贫	贫困户精神面貌	+
		退出贫困户积极性	+

精准扶贫工作主要包括精准识别、精准施策、精准管理三个方面。能否精准识别出贫困户，是整个精准扶贫工

作的根本前提。实践证明，在精准识别过程中仍存在漏评和误评现象，这是难以避免的。本文将精准识别设定为贫困户识别是否精准，以及是否符合民主程序。精准施策是根据贫困户自身条件，采取针对性措施帮助贫困户脱贫，这是决定贫困户能否实现经济层面脱贫的关键环节。本文将精准施策设定为对贫困户的帮扶措施是否具有针对性。精准管理是精准扶贫的有效保证，贫困户信息是否全面、贫困户是否能够实现动态调整，这都关乎精准扶贫工作的顺利开展。本文将精准管理设定为扶贫干部是否做到了对贫困户信息的有效管理，实现了信息到户、真实准确、动态调整、进出有序。

经济层面的脱贫能够直观显示贫困户脱贫的成效。贫困发生率是指低于贫困线的人口占全村总人口的比例，因俄日村采取整户脱贫的方式，本文将贫困发生率设定为低于贫困线的农户占全村总户数的比例。从俄日村贫困户的收入结构看，临时政策性补助占比较大，一旦退出贫困户将面临较大的返贫风险。本文将返贫风险设定为除掉临时政策性补助后，贫困户家庭收入不能达到整户脱贫标准的比例。精准脱贫是一个过程，在这个过程中不仅要看贫困户是否达到脱贫标准，还要看贫困户是否满意自身经济状况。本文将贫困户经济状况满意度设定为贫困户是否满意自身经济状况。

精神层面的脱贫是衡量贫困户是否真正脱贫的重要标准。过去粗放式扶贫是输血式扶贫，容易使贫困户形成"等、要、靠"的依赖思想。精准扶贫不同于粗放式扶贫，是造血式扶贫，但仍要依赖贫困户的主观能动性。因此，本文将贫困户精神面貌设定为贫困户是否存在"等、要、靠"的依赖思想。少数贫困户在达到脱贫标准后，为了继续享受国家的扶贫政策，不愿意主动放弃贫困户身份，以致贫困文化滋生，迟滞了脱贫进程。本文将退出贫困户积极性设定为贫困户达到整户脱贫标准后，是否愿意主动退出贫困户行列。

五　实证分析

邀请三位专家确定准则层和指标层中各指标的权重。首先确定准则层中精准实施、经济脱贫、精神脱贫三个指标对目标层的权重。以 0.1~0.9 标度法，根据专家的评判获得模糊互补判断矩阵：

$$A_1 = \begin{vmatrix} 0.5 & 0.6 & 0.6 \\ 0.4 & 0.5 & 0.5 \\ 0.4 & 0.5 & 0.5 \end{vmatrix}$$

由公式 1 和公式 2 获得 A_1 的权重向量：

$$WA_1 = \begin{vmatrix} 0.366 & 0.317 & 0.317 \end{vmatrix}$$

由公式 3 和公式 4 获得 A1 的特征矩阵：

$$WA_1^* = \begin{vmatrix} 0.5 & 0.53 & 0.53 \\ 0.47 & 0.5 & 0.5 \\ 0.47 & 0.5 & 0.5 \end{vmatrix}$$

由公式 5 计算 A_1 与 WA_1^* 的相容性，CI= (A_1, WA_1^*) = 0.031 < 0.1，可见，A_1 与 WA_1^* 是相容的，通过一致性

检验。

以此为例，得到专家二给出的权重向量为 $WA_2=|0.372\ 0.365\ 0.263|$，专家三给出的权重向量为 $WA_3=|0.358\ 0.334\ 0.308|$。并且专家二和专家三给出的权重向量也通过了一致性检验。通过对三位专家给出的权重进行均值处理，获得最终的权重向量：

$$W=|\frac{1}{3}（0.366+0.372+0.358）\ \frac{1}{3}（0.317+0.365+0.334）\ \frac{1}{3}（0.317+0.263+0.308）|=（0.365\ 0.339\ 0.296）$$

同理计算出指标层中的各指标对其上一层指标的权重分配，最后由公式6计算指标层中各指标对目标层的权重分配，如表2-7所示。

表2-7　指标权重

目标层	准则层	权重	指标层	权重	指标层相对于目标层的权重
村级精准扶贫绩效	精准实施	0.365	精准识别	0.384	0.140
			精准施策	0.367	0.134
			精准管理	0.249	0.091
	经济脱贫	0.339	贫困发生率	0.372	0.126
			贫困户返贫风险	0.405	0.137
			贫困户经济状况满意度	0.223	0.076
	精神脱贫	0.296	贫困户精神面貌	0.682	0.202
			退出贫困户积极性	0.318	0.094

通过对问卷数据和俄日村提供统计数据的处理，获得各指标的得分，如表2-8所示。

表 2-8　指标得分及其说明

指标	得分	说明
精准识别	94.74	94.74% 的贫困户表示精准识别做到了公正、民主、精确
精准施策	67.11	67.11% 的贫困户表示精准扶贫做到了因户施策，获得了针对性扶持
精准管理	89.47	89.47% 的贫困户表示精准管理做到了扶贫信息完善，实现了动态调整
贫困发生率	24.45	贫困发生率为 24.45%
贫困户返贫风险	59.21	除去临时政策性补助，有 59.21% 的贫困户达不到当年脱贫标准
贫困户经济状况满意度	61.84	61.84% 的贫困户对家庭经济状况表示满意
贫困户精神面貌	81.58	81.58% 的贫困户不存在"等、要、靠"的依赖思想
退出贫困户积极性	89.47	89.47% 的贫困户表示达到脱贫标准后将积极退出贫困户行列

综合表 2-7 和表 2-8 数据，计算得到俄日村精准扶贫绩效成绩为 48.79 分。整体来看，俄日村精准扶贫成效不高。通过指标权重排序来看，贫困户精神面貌、贫困户返贫风险、精准识别和精准施策四个指标的权重较高，说明贫困户的脱贫观念、家庭收入结构、精准识别和产业发展对扶贫绩效有显著性影响。

第三章

精准扶贫的突出问题

第一节　贫困户面临潜在的返贫风险

精准扶贫工作开展以来，青海省的扶贫工作取得了显著成效。2016 年，全省建档立卡贫困人口就减少了 11.8 万人，相比 2015 年减少了 22.69%。各级政府积极推进精准扶贫工作，其目的是以精准扶贫战略为指导，采取多样化的扶贫措施解决贫困群众生产生活中的困难，提高并稳定其经济收入，帮助其摆脱贫困。但随着精准扶贫工作的深入开展，越来越多的扶贫干部开始意识到，某些贫困户的脱贫是阶段性的脱贫，这不是精准扶贫的最终目的，贫困群众需要脱贫，但更需要稳定脱贫。所谓稳定脱贫，是指衡量贫困户经济收入时，评估排除各种临时政策性补贴之外的收入来源的稳定性和可靠性。如果贫困户仅仅是依靠政府给予的大量现金和实物补贴达到脱贫标准，那就不是真正的、稳定的脱贫。

到 2020 年实现现行标准下农村贫困人口全部脱贫，是党和国家做出的庄严承诺，是必须完成的硬任务。但按照贫困发生理论，在已有的脱贫人口中肯定有一部分人会因为各种原因返贫，而且某些地方的返贫率会比较高。脱贫人口返贫问题是不可避免的，必须重视并解决这一问题，有效控制脱贫人口返贫，才能保证农村贫困人口的稳定脱贫。导致脱贫人口返贫的因素很多，如高等教育花费导致的返贫、突发重特大疾病导致的返贫、自然灾害导致的返贫等。

目前，俄日村扶贫干部已充分认识到脱贫攻坚的艰巨性和复杂性，在思考如何帮扶贫困户脱贫的同时，也在积极谋划如何防止贫困户返贫。从俄日村建档立卡贫困户的收入来源看，其在享受精准扶贫政策期间，实现脱贫基本不存在问题，但退出贫困户之后，存在较大返贫风险。以2016 年俄日村部分贫困户经济收入情况为例，工资性收入、经营性收入和财产净收入为稳定性收入，转移净收入、社会救济和补贴为临时政策性收入。由表 3-1 可见，贫困户的家庭收入结构中临时政策性收入占比较高，最高者达到 96.50%，最低者也占到 30.91%。按照 2016 年3316 元的脱贫标准，除去临时政策性收入，仅依靠稳定性收入，贫困户均不能达到脱贫标准。一旦这些家庭退出贫困户，享受不到针对建档立卡贫困户的各种临时政策性补贴，极有可能立刻返贫。

　　精准扶贫中，政府给予贫困户各种临时政策性补贴的初衷在于帮助贫困家庭强化金融资本。金融资本对于贫困家庭生计的维持与可持续发展起着至关重要的作用。美国著名学者迈克尔·谢若登所著的《资产与穷人：一项新的美国福利政策》认为，美国等发达国家的福利政策，主要是以补助穷人家庭的收入为基础。在穷人家庭，金融资产建设对于改善穷人生计是十分必要的，可以"改善（家庭）经济稳定性，将人们与可行有望的未来相联系，刺激人力或其他资本的发展，促使人们专门化和专业化地发展，提供承担风险的基础，产生个人、社会和政治奖赏，增强后代的福利"。[①] 由此可见，金融资本不仅对于改善贫困家庭经济状况，而且对于促进人力资本、社会资本和物质资本的积累，以及抵御家庭生计风险都有着深远的影响。而在实际的扶贫工作中，部分扶贫干部不考虑通过发展产业实际地增加贫困家庭的经济收入，反而将精准扶贫作为一种数字游戏，贫困群众只是在这种数字游戏中实现了阶段性的脱贫，而不是真正的脱贫。因此，应充分认识精准扶贫工作的艰巨性和复杂性，防止脱贫户返贫复贫，建立防止返贫的长效机制，实现更高层次、更高质量的脱贫，做到精准脱贫，更要做到稳定脱贫。

[①]　迈克尔·谢若登：《资产与穷人———一项新的美国福利政策》，高鉴国译，商务印书馆，2005，第180页。

表3-1 俄日村部分贫困户家庭收入情况

贫困户	家庭人口（人）	工资性收入（元）	经营性收入（元）	财产净收入（元）	转移净收入（元）	社会救济和补贴（元）	家庭总收入（元）	临时政策性收入占总收入比重（%）	除去临时政策性收入能否达到脱贫标准
张金桂	3	0	0	600	15434.88	1000	17034.88	96.50	否
靳有芳	3	4000	0	600	8694	500	13794	66.65	否
白光寿	2	4200	0	600	5954.64	400	12154.64	57.19	否
三木腾加	5	14400	0	600	7912	100	23012	30.91	否
三知布	2	5000	0	600	7816	200	13616	58.87	否
安太什姐	3	0	4500	600	6750	300	12150	58.02	否
才布尕草玛	2	0	3800	600	3956	0	8356	47.34	否
南木让太	5	3000	5000	600	7512	460	16572	48.11	否
日木切拉木仁争	4	0	7000	600	13722	1200	22522	66.26	否
切保	4	0	0	600	8512	200	9312	93.56	否
拉布杰	4	0	1000	600	14674	300	16574	90.35	否

第二节 精准识别"不精准"

"扶贫识别是精准扶贫的基础工作,其目的是把贫困的对象找出来,避免扶贫资源投放打偏跑漏,使真正符合帮扶政策的个体得到有效扶持。"[①] 在全国范围内,精准识别不精准是精准扶贫工作面临的最大问题,也是一个普遍问题。当前,俄日村精准识别不精准主要表现为漏评和误评。漏评是指本应纳入建档立卡贫困户的贫困户未被纳入,从而享受不到国家给予的各项扶贫政策和帮扶措施;误评是指达不到扶贫标准的非贫困户被纳入建档立卡贫困户,享受到扶贫政策和待遇。从俄日村精准扶贫"回头看"情况看,"漏评"情况比较严重,已识别贫困户中未出现整户漏评现象,有 24 户家庭成员被漏评。部分村民反映还存在"误评"情况,并不贫困的建档立卡贫困户比相似家庭条件下的非建档立卡贫困户得到了更多的资金支持和优惠政策,从而引起相似家庭条件下非建档立卡贫困户的不公平感和不满情绪。

导致"误评"的原因主要有二:一是农牧民家庭收入计算不精准,部分年人均可支配收入高于贫困线的家庭被纳入贫困户,这在很大程度上反映出部分扶贫干部的工作作风不严谨;二是 2014 年以前,地方政府为争取扶贫资源,故意拔高贫困发生率。2014 年开展建档立卡工作时,

---

① 马尚云:《精准扶贫的困难与对策》,《学习月刊》2014 年 10 月(上),第 26 页。

地方政府根据虚高的贫困发生率将贫困户指标分配到各村，村内根据各家收入情况进行排序，部分非贫困家庭排名较为靠后，即被纳入建档立卡贫困户。

在俄日村，精准识别中还存在整户识别与个体识别的矛盾。依照国家有关确定农村低保扶贫对象的规定要求和扶贫对象建档立卡工作方案要求，海晏县按照"规模控制、分级负责、精准识别"的原则，以乡为单位、户为单元，采取整户识别的方式，确定建档立卡贫困户。从某种意义上说，建档立卡贫困户中的家庭成员都是贫困人口，享受精准扶贫的相关政策和帮扶措施。如果某个家庭整体上达不到精准识别设定的标准，即使家庭中某位成员十分贫困，那么也不能将其纳入精准扶贫的范围，整个家庭也无法成为建档立卡贫困户。但在实际的识别过程中，仍存在一些与其相违背的识别方式。

以俄日村残疾人尕藏为例，2015年，贫困户整户识别时尕藏家共有5人，贫困户核准以2015年底农牧户人均可支配收入低于2970元为基本依据，除尕藏肢体二级残疾无经济收入外，其余4位家庭成员均有可观的经济收入，整户年人均可支配收入高于2970元。因此，该户不应列为建档立卡贫困户。但海晏县县残联文件明确规定，必须将残疾人纳入精准扶贫的范围。在国家制定的精准识别标准以外，地方有关部门也制定了补充性的识别标准，从而给基层的精准识别工作带来一定困难。按照整户识别的方式，尕藏家是非建档立卡贫困户，尕藏本人享受不到精准扶贫政策，这与县残联文件规定相违背。按照县残联文件规定，将尕藏本人纳入精准扶贫范围，其他家庭成员排除在外，这又违背了整户识别的原则。但遵循整户识别的原则，将尕藏全家列为建档立卡贫困户，势必将引起其他农牧户的不满情绪，以及对精准扶贫政策的质疑。如何合理化解整户识别与个体识别的矛盾，是精准识别工作中亟待解决的突出问题。

图 3-1　夏季草场与扶贫工作队和俄日村工作人员座谈

（聂君拍摄，2017 年 7 月）

第三节　"以贫为荣"的贫困文化滋生

精准扶贫的最终目的不仅是在物质层面帮助贫困群众脱贫，更重要的是在精神层面上帮助贫困群众树立勤劳致富的观念。只有树立起这种观念，贫困群众才能摒弃"等、要、靠"的老观念，自力更生，脱贫致富。但调查发现，在俄日村，精准扶贫这种"家长式"帮扶政策已使某些贫困群众产生严重的"依赖综合症",他们"自己动手、自食其力的能力变差,自力更生的责任感被削弱,容易形成'等、靠、要'的依赖思想",[①] 最终成为"甘于贫困的人",[②] "自我控制能力的匮乏成为最终无法改变其贫穷本质的根本原因之一"。[③] 扶贫干部反映,因为扶贫政策"太好了"以致"以贫为荣"的贫困文化滋生,精准扶贫陷入"扶贫陷阱",达不到应有的扶贫效果。

在俄日村,"以贫为荣"的贫困文化有两种突出表现。

一是部分农牧民争当贫困户。在调查中,某些非建档立卡贫困户自认为他们比建档立卡贫困户还要穷,他们更有资格当贫困户。访谈发现,这并非他们真的要争当贫困户,而是抱怨"扶富不扶贫"的不公平现象。"在贫困群体的识别中存在着目标偏离的情况,偏离的主要形式是非贫困农户排挤贫困农户、非贫困户从扶贫资源中受益的现象。"[④]

二是贫困户不愿意脱贫。调查发现,部分建档立卡贫困户即使达到了脱贫标准,却想方设法不脱贫。最典型的是俄日村村民白某,由于家庭生产资料缺乏,白某患肺心病、高血压、心脏病等疾病,常年看病吃药,已基本丧失劳动能力,家中仅靠妻子一人劳动,造成家庭生活困难。

① 迈克尔·M.塞尼:《移民与发展:世界银行移民政策与经验(一)》,河海大学中国移民研究中心译,河海大学出版社,1996,第40、54页。

② Sandra W., *Take out Hunger:Two Case Studies of Rural Development in Basutoland*, Oxford:Berg Publishers, 1969, pp.245-247.

③ 阿比吉特·班纳吉、埃斯特·迪弗洛:《贫穷的本质》,景芳译,中信出版社,2013,第13页。

④ 刘坚:《新阶段扶贫的成就与挑战:中国农村扶贫开发纲要(2001~2010)中期评价报告》,中国财政经济出版社,2006,第45页。

2015年通过精准识别将其认定为建档立卡贫困户。2016年，白某一家获得各种帮扶，实现工资性收入3万元（白某在海北州人民银行做门卫工作，月收入1700元，妻子孟某在海北州人民银行做保洁工作，月工资800元。两人年收入合计3万元）、财产净收入（参与本乡德州村村民相其布的兴盛牦牛养殖产业分红）600元、生态保护政策性收入（夏季草场每人100亩，全家2口共200亩，每亩禁牧补助12.28元/年，计2456元/年；退耕还林8亩，每亩补助160元/年，计1280元；粮食直补8亩，每亩补助69.33元/年，计554.64元）4290.64元、低保金收入3540元、养老金补助（白某享受养老金142.9元/月）1714.8、社会救济和补贴（帮扶人张绍行于2016年11月救济现金）200元。2016年全家实现收入40345.44元，人均可支配收入达20172.72元，按照2016年人均可支配收入3316元的脱贫标准，白某全家应已脱贫。扶贫工作队及村两委干部多次上门核实其收入情况，并劝说其自动退出贫困户，但其百般推脱，认为自己仍应继续享受贫困户待遇。

由国家提供的高福利是一种公共品，如同计划经济体制下的"大锅饭"，不吃白不吃，会埋下道德祸因。具体表现为：高福利下的社会保障资源利用率不高，如公费医疗中药品和其他医疗资源的浪费；一些人本来可以就业而不积极就业，过度享受由社会保障、失业保险带来的闲暇，以及选择提前退休；过分依赖国家，自我积累、自我保障的积极性和能力弱化；等等。这些现象一旦具有普遍性，社会资源会遭到严重浪费，国民精神不再积极向上，会影响经济发展。[①]

俄日村扶贫干部们普遍认为，政府给予的扶贫政策过于优惠，几乎涵盖了贫困户生产生活的方方面面，贫困户集各种优惠资源于一身，养成了坐享其成、不思进取的习性。在精准扶贫过程中，政府对反贫困的资源分配拥有绝对主导权，而贫困户获得这些资源却是无偿的。三十多年来，国家一直高度重视反贫困工作，投入了大量人力、物力和财力。这就意味着，农牧户一旦成为建档立卡贫困户，就可以获得大笔的生产生活资金和其他政策支持。在俄日村，针对建档立卡贫困户的扶持政策多达十几项，包括产业和资产收益项目扶持、乡村旅游项目扶持、易地搬迁安置、"雨露计划"短期技能培训和贫困生资助、金融扶贫扶持、创业就业扶持、贫困病人就医资助、贫困群众生活补助，等等。

这些扶贫政策的实施，一方面帮助贫困户"开源"，获得产业发展到户资金、银行贷款、互助资金、生活补助等，另一方面帮助贫困户"节流"，节省贫困户医疗支出、技能培训支出、子女教育支出等。另外，还有部分贫困户担心脱贫后，与其他贫困户相比不能继续享受"贫困户"的待遇，也失去了帮扶干部的关心和帮助，心理上难免会产生一种失落感与被剥夺感。长此以往，广大农牧民争当贫困户，贫困户不愿意脱贫，贫困户越来越多，贫困程度越来越严重，会出现年年扶贫年年贫，扶贫永无止境的

① 李义平：《过高福利是经济发展陷阱》，《人民日报》2015 年 8 月 11 日。

结局。更严重的是，国家投入大量的扶贫资金将给政府财政造成一定压力，长此以往势必影响整个国家的经济社会发展。

第四节　环青海湖生态保护与旅游开发矛盾凸显

2015 年 8~9 月，中央第七环境保护督察组对青海省开展了环境保护督察，认为自然保护区违规旅游开发问题突出，生态修复进展迟缓。青海湖等自然保护区违规旅游开发问题突出，环青海湖违规占用草场面积超过 14 万平方米，旅游资源的无序开发已对青海湖的生态环境造成严重破坏。青海湖是我国第一大湖，对青海及周边陕甘宁地区的生态环境起着明显的改善作用。青海湖还是我国著名的旅游胜地，近年来随着旅游业的持续升温，赴青海湖旅游的游客不断增加。"受利益驱动，环湖地区私开通道、私设景点、私搭乱建、无照经营、房车、集装箱宾馆等种种旅游经营乱象层出不穷，对景区规划建设秩序提出了严峻挑战。"[1] 在此背景下，2015 年青海省制定了《青海湖风景名胜区总体规划（2015~2025 年）》，按照"有利于风景名胜资源的保护、有利于风景名胜资

---

[1] 南宝:《坚持生态保护第一原则 堵疏结合持续推进环青海湖景区综合整治工作》,《海南报》2016 年 6 月 25 日。

源主体价值的体现"的目标，重点从景区生态资源保护、风景游赏、典型景观、游览设施、环境保护规划、分期发展等方面进行了规划。同年 12 月 29 日，该规划经国务院同意，获住房和城乡建设部正式批复。2017 年，青海省政府制定下发了《关于加强旅游生态环境保护工作的通知》，从树立生态文明理念、加强旅游生态环境保护规划、抓好旅游景区生态环境保护工作、加强旅游业生态环境保护宣传教育等四个方面对各市州旅游和环保部门提出了明确要求，在旅游业发展中加强了生态环境保护。同时，为充分发挥青海独特生态优势，实现建成"生态强省"和"旅游名省"的战略目标，青海省陆续出台《创建生态旅游示范省工作方案》《青海省生态旅游示范省规划》《青海省生态旅游示范省创建方案与导则》等文件，创建青海湖、祁连、大通三个全国生态旅游示范区，完善基础设施，提升生态旅游服务。一系列政策的出台，彰显了青海省治理环青海湖地区生态环境、发展生态旅游的决心和思路，同时也预示着青海湖周边海晏县、共和县等县区旅游资源无序开发的终结。

俄日村紧邻青海湖东侧，具有旅游业开发的先天优势。2015 年，俄日村成立兰花湖生态旅游服务有限公司，业务涵盖自行车驿站、牧家乐、旅游服务接待等，获得了可观的经营收入，带动了部分贫困户增收。面临环青海湖旅游业发展的大好形势，扶贫工作队和村两委谋划支持部分有条件的贫困户在西莎线及其他环青海湖道路周边开设牧家乐、帐篷宾馆等，通过发展旅游激发贫困户内生动力，实现增收脱贫。但按照《青海湖风景名胜区总体规划 (2015~2025年)》的批复要求，景区内不符合规划要求的建筑物要依法拆除或者搬迁。2016年，青海省湖管局下发整治帐篷宾馆的通告，严格按照青海湖景区保护规划，要求青海湖核心区、缓冲区、公路内侧的帐篷一律搬离至公路外侧，并划定区域、合理布局，控制规模和数量。鉴于国家有关部门及青海省对环青海湖地区旅游业的严格管制，目前俄日村旅游业发展规划处于搁置状态，无法进入实施阶段。俄日村旅游扶贫面临的最大问题是处理好旅游开发与生态保护之间的矛盾，既要通过发展旅游业增收，又要保护好当地的生态环境，这已成为制约俄日村旅游扶贫的关键问题。

第五节 畜牧业产业化发展陷入瓶颈

俄日村所在的青海湖东部地区拥有天然的草场，适宜畜牧业生产，以藏族为主的村民构成也决定了畜牧业成为俄日村的优势主导产业。调查发现，多数村民家中畜有牦牛、羊、马等大型牲畜，每个家庭中的各类牲畜多则几百头，少则十几头。藏族的饮食以肉类为主，很少食用蔬菜。藏民家庭虽畜有大量牲畜，但多数留作自食或继续畜养，每年仅出售少量牲畜换取现金，用于支付必要的生活支出。部分村民，尤其是贫困村民家庭仍然处于自给自足的生活状态。多数建档立卡贫困户畜养的牲畜不多，以养羊为主。按 2016 年的市价计，一只羊可以售得 280~300 元，但除去饲料及防疫等花费，净收入仅有 100~200 元。因此，单纯依靠售卖牲畜获得的经济收入十分有限。

产业发展理论揭示，"除了技术升级外，对现有产业的价值链进行延伸，增加附加值也是产业结构升级的一种方式，如培育与主导产业有前向、后向和侧向联系的其他产业等"。[①] 为了提高牲畜产品的附加值，使贫困农牧民获得更高的经济收入，俄日村扶贫干部谋划从产业化发展着手，推动当地畜牧业向规模化养殖、企业化经营转型。但要实现畜牧业产业化发展，目前仍面临三个突出问题。

一是处理好规模化养殖和散户养殖的关系。畜牧业发展到一定阶段，农牧民会在散养满足自身消费需求的同时，适度发展规模饲养，从而提高养殖水平和组织化程度。但长期以来，俄日村农牧民习惯了散养的畜养模式，他们普遍认为规模化养殖会使自身丧失主导性，所以发展规模化养殖的积极性不高。

二是畜病、抗灾能力差等原因导致牲畜饲养量不稳定。俄日村当地的牦牛和羊易患肠道寄生虫病，给牧民造成较大的经济损失。建档立卡贫困户三木腾加原有 280

---

① 梅耀林、张培刚：《产业发展理论回顾及应用研究——以盐城市盐都区产业发展定位为例》，《河南科学》2007 年第 12 期，第 1077~1080 页。

只羊，近两年因寄生虫病，先后有 190 只羊死去，损失接近 70%。同时，"畜牧业基础建设不平衡，整体抗灾能力差。草场围栏、暖棚的建设在甘子河起步较早，现已达到一定规模，基本保障了牲畜划区轮牧和冬春保暖的需要；但人工打草场、适宜地区一年生饲草种植等补充饲草的建设相对滞后，牲畜冬春除天然草场外其他渠道的饲草储备量极少，抗御雪灾及其他灾害的能力严重不足，靠天养畜局面仍在持续；水源分布不均衡，人畜饮水仍存在较多困难"。[①]

三是无法引进较大规模的肉类加工企业。2017 年，作为山东援青企业，临沂新程金锣肉制品集团组成考察团赴甘子河乡考察，协商建设肉类加工厂事宜。但考察发现，建设具备较大规模的肉类加工企业是不可行的。海晏县虽是牧业大县，但全县地广人稀，畜养的牲畜数量也比较有限。考察团曾为此算过一笔账，假设在当地建成一家日屠宰量为 1000 头的肉类加工企业，海晏全县的牲畜存量仅够加工厂满负荷运行半个月，肉类原材料供应不足，无法满足企业生产加工需求，无疑会造成企业加工能力的极大浪费。因此，通过引进较大规模肉类加工企业延伸俄日村畜牧业价值链，提升肉类产品附加值还缺乏必要条件。

---

① 李永霞、车发梅：《甘子河乡草原畜牧业可持续发展之浅见》，《青海畜牧兽医杂志》2009 年第 4 期，第 56 页。

第六节 精准扶贫演变成"精准填表"

精准扶贫是一项复杂的系统性工程，在精准识别、精准施策、精准管理等过程中都涉及大量的贫困户信息。在青海的农牧区，现代化的记录手段还未普及，驻村工作队及村两委干部多数只能依靠手写记录贫困户的各种信息。在精准扶贫的前期摸底阶段，利用表格来了解贫困户的基本信息及发展困难是一种有效的手段，便于基层干部清晰地认识贫困户的生产生活状态。但调查发现，驻村工作队及村两委干部对填表的抱怨颇多。按照上级的指示，他们经常要填写大量的表格。有关精准扶贫的各类表格就多达几十种，如贫困户建档立卡册、贫困户信息表、精准扶贫明白卡、精准扶贫"回头看"问题清单、建档立卡贫困户帮扶计划等。俄日村所有贫困户的表格都要扶贫干部填写，一个贫困户需要填写的表格就多达几十种，全村贫困户的表格加起来多达几百张，有几万个填写项。扶贫干部"白加黑""5+2"的拼命填表，也仅能勉强完成任务。有的表格填写一次还不够，相关部门还经常变换表格样式。如建档立卡贫困户帮扶计划，前后填写了三次，内容上却大同小异。有些表格内容晦涩难懂，工资性收入、财产净收入、转移净收入等大量经济学名词充斥其中，扶贫干部都很难理解，更何况文化水平较低的农牧民群众。

"填表"也引起了许多农牧民群众的反感，他们认为所谓的精准扶贫也只是表面功夫做得多，实际措施做得少，有填表的时间，还不如帮他们做做农活。大量重复的填写扶贫表格将精准扶贫异化成了"精准填表"，扶贫干部每天奋斗在"表山文海"之中，宝贵的时间都浪费在纸上扶贫中，根本无暇深入农牧区贫困户家中想对策、谋发展。不论是扶贫干部，还是被帮扶的贫困户，都已不堪其扰，"填表"成了扶贫工作的最大负担。

精准扶贫之所以演变成"精准填表"，这深刻反映了扶贫工作中存在的形式主义、官僚主义问题。"填表"中的"层层签字"，实质上是一种典型的形式主义作风。

首先，政出多门，职能部门懒政思维作祟。扶贫部门、财政部门等与精准扶贫有关的各职能部门不联不通，各自为政，要求俄日村等农村基层填报各部门下发的扶贫表格，导致一些基础性数据信息在各类表格中被重复填写，导致基层扶贫干部工作量大为增加。表格作为精准扶贫工作中不可或缺的一种辅助型工具，具有形象直观、方便上级部门考核评估的作用。但某些部门过于依赖表格及数据，不求深入农牧区基层，只求基层上报所需数据，以数据代替实地调研，试图在表格中迅速打赢扶贫攻坚战。对某些职能部门而言，填表扶贫已成为精准扶贫工作的主要形式。

其次，"精准填表"内容千篇一律。贫困户的贫困情况千差万别，过去"一刀切"的方法显然无法实现精准施策。精准扶贫既要着力于贫困户发展存在的普遍问题，也要采取差别化的扶贫举措"对症下药"。从俄日村贫困户的帮扶措施看，每户都涉及产业发展、资产收益、生态保护、医疗救助、发展教育、社会救济和补贴六部分内容，从表上看每户贫困户都能达到脱贫标准，但这些帮扶措施最终能否落实，落实情况如何，成效究竟怎样，仍是未知数。以产业发展措施为例，凡是获得产业发展到户资金的贫困户都要购买母羊，小羊的收益按家庭人口平均计。但贫困户养殖技术水平的高低、疫病防治的好坏、市场销路的宽窄等方面各不相同，因此能否达到预期收益无法确定。"纸上脱贫"并不是真正的脱贫，单纯的"纸上扶贫"不可取。

再次，填表内容要求"精益求精"。在扶贫档案的填写中，有关部门明确要求第一书记必须亲笔填写，且不得出错和涂改。一些领导在俄日村检查时，认为扶贫表格是扶贫攻坚工作的历史见证，必须要干净整洁、不得涂改。在具体的填写过程中，还要求将贫困户的经济收入精准到几角几分。为了达到这些刻板的要求，扶贫干部耗费了大量心血。

最后，精准扶贫中官僚主义较盛。俄日村每家贫困户家中都有一张精准扶贫"明白卡"，内容包括贫困户家庭基本情况、帮扶负责人情况、致贫原因、发展项目、帮扶资金、各项收入、帮扶措施及成效等，上级部门要求将"明白卡"做成展板放在贫困户家中显眼的位置。这无非是将精准扶贫当成了"面子工程"，使扶贫干部产生不正确的扶贫思想，为了让上级领导更明白地看到基层工作的政绩，扶贫干部将工作重心放在做资料上，扶贫工作就只能流于形式。

第四章

精准扶贫的实践路径

第一节　建立稳定脱贫的长效机制

一　依法治贫管理机制

贫困治理属于社会治理的一部分，要强化对农村扶贫开发工作的领导，必须实现依法扶贫、依法治贫、依法脱贫。为了推进和规范农村牧区扶贫开发，加快贫困地区经济社会发展，缩小发展差距，实现共同富裕，2015 年 7 月 24 日，青海省第十二届人民代表大会常务委员会第二十次会议通过了《青海省农村牧区扶贫开发条例》（下文简称《条例》），为青海农村扶贫开发工作的开展提供了根本遵循。当前，青海省仍需要继续制定并实施《青海省农村牧区扶贫开发纲要》（下文简称《纲要》）、《青海省农村牧区扶贫开发办法》（下文简称《办法》），使三者相辅相成，有机统一，共同构成青海省农村牧区扶贫开发工作的行动指南。同时，要积极开展执法检查，目的就是要通过检查，广泛深入地宣传条例，全面认真地检查和了解各级各部门贯彻实施条例的基本情况，防止和纠正执法不严、违法不究等问题，发掘和总结全省扶贫开发工作中行之有效的经验和做法，监督和促进各级政府及相关部门提高法治思维能力，营造全社会共同参与扶贫开发的良好法治环境。[①]

二 农村牧区内部帮扶机制

以往在扶贫工作结束后，扶贫干部和扶贫队伍就会撤离扶贫地点，无法长期跟踪扶贫效果，并有效实施后续扶贫工作。在精准扶贫工作完成后，如何形成一支长期的、稳定的、本土的扶贫工作队伍，就成为稳定脱贫面临的重要问题。对此，应从两个方面着手。一是培育乡土脱贫致富领头人。强化乡镇党委书记、村党支部书记和农村致富带头人三支队伍的建设，配强农村发展带头人，培养一批带领农村脱贫致富的领头人。二是发展村集体经济，支持

① 杨傲多：《推进依法扶贫依法治贫依法脱贫》，《法制日报》2016 年 6 月 7 日。

农民合作社和村龙头企业发展，建立与贫困户的利益联结机制，带动贫困人员脱贫致富和稳定发展。[①]

三 劳务产业扶贫机制

贫困户的稳定性收入包括经营性收入、工资性收入和财产净收入，其中工资性收入尚有较大的提升空间。目前，俄日村农牧民多从事第一产业，因交通不便、劳动技能低下等原因，外出务工的农牧民较少。因此，政府应采取措施有序引导俄日村贫困户剩余劳动力由农牧业向第二、第三产业转移，提高其工资性收入，稳定其收入来源。可以按照贫困农牧民意愿，采取县内务工和山东务工两种劳务输出方式。县内就近务工包含三个方面的内容。

一是海晏县政府与县内工厂、企业进行协商，与用工企业搭建平台，组织贫困农牧民与用工企业双向对接，实现贫困人口的劳务输出就业。同时积极与各企业沟通衔接，做好用工信息收集，匹配适合贫困劳动力的工作岗位，有效帮助有就业能力和有就业愿望的贫困农牧民实现就业。并且对于吸纳贫困农牧民就业的用工企业给予税收优惠、用工补贴、技能培训补贴、扶贫再贷款等优惠政策。

二是借鉴山东扶贫经验，利用财政专项扶贫资金、整合资金在俄日村建设扶贫车间，吸纳当地有就业意愿、有

---

① 左停：《致力建立稳定脱贫的长效机制》，《人民论坛》2017年第18期，第107页。

相应劳动能力的贫困农牧民就业，以不同类型的建筑物为生产经营活动场所，以壮大贫困村集体经济、解决贫困人口就地就近就业为目的，以从事农产品初加工、手工业、来料加工经营等劳动密集型产业为主要内容，实现贫困农牧民增收脱贫。

三是积极拓宽贫困农牧民过渡性就业渠道。结合生态环境保护、草原防火、农村道路养护及农村生活垃圾清运等需要，将公益性岗位向建档立卡贫困户倾斜，实现农村工作推进和脱贫攻坚的"双赢"。山东省临沂市河东区的奥达集团、奥德集团、正直集团等企业作为甘子河乡的对口帮扶企业，可以吸纳家中无需要照顾人员、年富力强、有一定劳动技能、有外出务工意愿的贫困农牧民就业。河东区政府可以为吸纳贫困人员就业的帮扶企业提供一定的优惠政策。

四 社会兜底扶贫机制

调查发现，多数贫困户致贫的原因是丧失劳动力、残疾、生病，在脱贫以后，他们也同样会因丧失劳动力、残疾、生病而返贫，必须通过有效措施提高他们的抗风险能力。对此，要继续做好老年人、残疾人、重病患者等的社会兜底保障工作，"对于完全或者部分丧失劳动能力者，要实施社保兜底。确保兜底保障对象全部纳入农村低保保障范围，鼓励贫困户参加农村养老保险和新型农村合作医疗保险，落实好农村最低生活保障对象和特困供养对象、大病商业补充医疗保险，积极动员各方力量为在册贫困户购买意外伤害保险，降低贫困人口住院起付线标准，提高医疗救助水平，防止因病返贫"。[①]

第二节　确保精准识别更"精准"

一　制定切实可行的识别标准，重新认定贫困人口

制定一套切实可行的贫困人口识别标准，重新认定贫困人口。贫困人口的识别是一个复杂的计算过程，在国际上贫困人口的识别也要考虑到多种因素。项目组通过对俄日村实地调查，认为贫困人口的精准识别要注重三个方面。一是应考虑年人均可支配收入低于当年的扶贫标准（以 2016 年青海省扶贫标准农牧民人均可支配收入 3316 元为例）。二是应充分考虑家庭消费支出、负债等情况。如果某户人均可支配收入低于 3316 元，应该可以算是贫困户。但是如果人均可支配收入高于 3316 元，对于有负债情况的，则不易识别。"要考虑在人均可支配收入高于 3316 元的基础上，注意区分负债的原因。可以分为满足家庭基本生产生活的支出负债，如因学、因病；或者是满

---

① 吴文娟：《伊犁州直贫困人口稳定脱贫的问题及对策分析》，《中共伊犁州委党校学报》2017 年第 3 期，第 47 页。

足家庭生活质量提升的负债，如因房贷、车贷、经营欠债等。"① 如果因满足家庭基本生活支出负债的，可以考虑纳入建档立卡贫困户。三是对特殊家庭进行个体成员识别，所谓特殊家庭是指人均可支配收入高于3316元，但家中有残疾人、重病卧床人员的。对于这类家庭，应进行个体识别，而不是整户识别，应将残疾人、重病卧床人员纳入建档立卡贫困人员。

二 开展"回头看"复核工作，重新核定贫困人口总量

由扶贫工作队和村两委干部组成"回头看"工作队，定期开展"回头看"复核工作。严格按照贫困户退出的六条标准，以及建档立卡贫困户新识别标准，对俄日村贫困户进行逐户逐人复核，实地核实情况确定贫困人口总量，由每一户被调查贫困户、驻村工作队成员、复核工作组成员和村两委干部在复核确认报告上签字，并召开贫困户复核群众评议大会，最终由群众投票确定贫困户名单，做到全程拍照、录像、记录留档，真正做到公平、公正、公开。通过"回头看"复核工作，严防出现按照申报贫困指标要求比例划分贫困人口任务数的情况发生，切实核定俄日村贫困人口总量。

① 刘振振：《如何精准识别贫困户》，《中国乡村发现》2016年第3期，第61页。

第三节 消除"以贫为荣"的贫困文化

一 扶贫先扶志，强化贫困户的担当意识

俗话说"扶贫先扶志，人勤百业兴"。扶贫干部在物质帮扶的同时，更要注重精神帮扶。"解决部分贫困群众精神贫困、内生动力不足问题，需要基层干部切实转变观念。在具体工作中，加强对贫困群众的教育和引导；大力发展农村文化，弘扬社会主义核心价值观；创新产业扶贫机制，增强贫困群众的参与度，以扶贫参与感带动脱贫获得感，避免贫困群众在脱贫攻坚过程中等待观望。"[1] 在平时的扶贫工作中，扶贫干部要注重舆论导向，通过建好美丽乡村、淳化民风民俗、选准发展路子等有力举措，帮助贫困农牧户树立信心、鼓足勇气。在贫困群众中提倡自力更生，唤醒贫困群众主动脱贫的意识，充分调动大家脱贫致富的主观能动性和创造性，让贫困群众人人不愿当贫困户，达标后积极退出贫困户。

二 建立追责问责制度，为精准识别"护航"

现阶段，扶贫干部在一定程度上掌握着贫困指标和审议权。因此，必须长期坚持精准扶贫"回头看"和"再识

---

[1] 于振海、晏国政：《扶贫先扶志 人勤百业兴》，《新华时评》2017年6月22日。

别", 并建立严厉的追责问责制度, 一旦发现对象不精准的, 将对相关责任单位和人员实行最严厉的责任追究。对入户核查干部, 一律取消当年评优树先、提拔晋级资格, 当年年终考核评定为"不称职"。对村两委、村 (社区) 干部绩效考核时, 班子评定为"较差"等次, 干部评定为"不称职"等次。对驻村扶贫工作队, 驻村扶贫工作队员当年年终考核评定为"不称职", 属于中央、省、市派出队员的, 分别反馈派出单位。对帮扶干部, 一律取消当年评优树先、提拔晋级资格, 当年年终考核评定为"不称职"。对乡镇 (街道) 和挂钩帮扶单位, 涉及的乡镇 (街道) 和县直挂钩帮扶单位当年年终绩效目标考核一律评定为"目标未完成单位", 视情节给予主要负责人和分管领导党政纪处分。对审核职能部门, 若存在贫困户家庭成员在县内有商品房、有商铺、有车、有公职人员、经办企业等不符合条件的问题, 涉及审核部门当年年终绩效目标考核一律评定为"目标未完成单位", 视情节给予主要负责人、分管领导和业务人员党政纪处分。对挂联的县处级领导, 所涉乡镇 (街道) 挂联领导必须向县委常委会做检讨, 同时按程序启动相应问责。实施严厉的追责问责制度, 可以杜绝扶贫干部安插亲属和照顾亲朋好友的贫困认定, 维护精准扶贫的公正性。

三 适当减少临时政策性补贴, 优化贫困人口收入结构

政府给予贫困户的临时政策性补贴过多, 是导致贫困

户退出难的重要原因。对此，政府应将更多的扶贫资金用到与贫困户经营性收入、工资性收入提升有关的各类扶贫项目上，而不是直接补贴给贫困户个人。比如，增加劳动技能培训资金，定期举办劳动技能培训班，提升贫困农牧户劳动就业技能，促进贫困农牧户就业，增加工资性收入；为贫困农牧户提供更多的产业发展到户资金或大额的产业项目资金，帮助其扩大畜牧业规模，发展生态旅游业。通过适当减少临时政策性补贴，增加产业发展资金支持力度，激发贫困农牧户的内生动力，提高稳定性收入比重，优化贫困农牧户收入结构。

第四节　构建合理路径发展生态旅游业

一　创新旅游社区参与和利益共享机制

生态保护与旅游开发从来都不是此消彼长、不可调和的天然矛盾，而是完全可以兼容并蓄、相得益彰的，关键就是要找准发展路径与增长方式。2017 年 11 月 24 日，青海省政府印发《创建生态旅游示范省工作方案的通知》，提出要"在全省精准扶贫对象中，重点实施 1 个生态旅游扶贫州、推进 15 个生态旅游扶贫示范县、30 个生态旅游扶贫示范乡镇、500 个生态旅游扶贫村建设，培育发展

10000 户生态旅游扶贫示范户，进一步增强生态旅游发展能力"。这说明，生态环境、旅游开发与扶贫攻坚不仅是不矛盾的，还是有机统一的。而关键就在于，如何创新社区参与机制和利益共享机制。

首先，创新旅游社区参与机制，依托紧靠青海湖东岸的先天地理优势及丰富的草场畜牧资源，积极申报生态旅游扶贫村，引导俄日村贫困农牧户参与环青海湖生态旅游发展，把生态旅游产业作为带动贫困农牧户脱贫致富的主导产业。其次，创新旅游利益共享机制，以建档立卡贫困户和贫困人口为重点，支持和鼓励贫困农牧户通过直接从事旅游经营、提供旅游接待服务、开发旅游文化商品、出售农副土特产品、资产入股等多种方式参与旅游经营和服务，以生态旅游发展带动脱贫致富。

二　申报建设乡村旅游接待点

"十三五"期间，青海将大力发展乡村旅游，培育一批高品质农（牧）家乐、休闲农庄和庭院旅游实体，计划每年新增乡村旅游接待点 200 家，至 2020 年全省乡村旅游接待点达到 4000 家。根据青海湖景区修建性详细规划，确定环青海湖地区将建设 46 个乡村旅游接待点，并建设一批规划起点高、档次标准高的住宿餐饮接待点。因此，俄日村要采取"疏堵结合"的方式，在清理帐篷宾馆、集装箱宾馆、房车宾馆等粗放落后经营方式的同时，按照青海湖景区保护利用总体要求，坚持生态优先发展原则，依托俄日村旅游业资源，申报建设乡村旅游接待点，引导村民按照环湖城乡建设和旅游业发展规划，合法有序开展基础设施建设。采取"农户＋旅游合作社＋公司"的开发模式，加快乡村旅游点建设，实现生态保护和旅游扶贫双赢的目标。

第五节　推动畜牧业向产业化发展转型

一　调整畜牧业结构，稳定发展畜牧业

畜牧业稳定发展是推动俄日村畜牧业向产业化转型的基本前提，对此要进一步"提高能繁母畜比例，加快畜群周转，提高畜群的出栏率和商品率；利用先进的人工授精、胚胎移植等技术对种群进行保护，减少由于自然灾害或人为因素而造成的损失；及时淘汰老龄、繁殖性能差和产仔率低的畜种；利用暖棚、围栏发展羔羊、犊牛育肥；加大优质品种的开发力度，发展潜力较大的畜群，饲养一批生产性能高的优良种群，从而提高畜牧业的总体效益，使生态畜牧业更加稳定、合理地发展"。[1] 同时，要强化牲畜疫病防治。在俄日村，对当地比较流行的牦牛、藏羊口蹄疫、

---

[1] 陈生萍:《海晏县发展生态畜牧业存在的问题及建议》,《养殖与饲料》2012年第3期，第77页。

牛出败、炭疽、结核病、布鲁氏菌病、衣原体、小反刍兽疫进行定期检测和疫苗预防性注射，并在海晏全县范围内实施"牛羊寄生虫病综合防治技术推广项目"，对牛羊胃肠道线虫病、绦虫病、三绦蚴等寄生虫病进行防治。

二 联系对口帮扶企业，发展畜牧产品精深加工

针对俄日村自身畜牧产品精深加工能力不足，畜牧产品附加值低的状况，必须找准定位，借助外力、练好内功。

第一，在俄日村成立风干肉加工厂，发挥村内牛羊肉的资源优势，对畜牧产品进行初级加工，制作具有民族特色的风干肉和冷鲜肉，以"合作社＋贫困户"的方式，吸纳建档立卡贫困户就业，带动贫困户脱贫致富。

第二，借助外力实现畜牧产品的精深加工。一方面，在海北州、西宁市联系对口帮扶企业，借助较大加工规模、加工工艺先进的大型肉产品加工企业，"在现有基础上开发高档野味冷冻鲜肉、剔骨分割包装肉，精制卷装肉及少量熟食品，也可生产如牦牛肉干、牦牛肉脯、牦牛肉绒等高档干货；或者开发牦牛肉骨排、牦牛香辣酱；豆豉类，茄汁类，五香类牦牛肉软罐头，牦牛肉西式火腿肠，熏香型的烤牦牛肉；以及真空包装系列（酱牛肉、牛蹄、牛心、杂碎）等。另外，发展中药膳牦牛肉食品产业也是一种可取的途径"。[1] 在产品销售方面，与县旅游局等单

---

[1] 杨斌等:《牦牛肉加工与发展现状》,《肉类研究》2010 年 6 月。

位进行对接，借助旅游产品展销、重大节庆活动等进行销售，同时依靠淘宝网、农村电商平台等线上渠道进行销售。另一方面，近年来，随着人们生活水平的提高，以及对绿色健康产品的青睐，牦牛肉制品深受我国中东部省份消费者的喜爱。在这一背景下，援青的临沂金锣集团可以俄日村及海晏县其他村庄为牦牛饲养基地，通过冷链物流将牦牛肉运往山东，利用金锣集团深加工生产线开发适合当地消费者口味的高端牦牛肉制品，并利用企业销售渠道在全国范围内进行销售。近年来的市场销售价格证明，初级加工的牦牛肉价格仅在40~60元/公斤，而经过精深加工的牦牛肉制品价格则高达140~200元/公斤。通过畜牧产品初加工和精深加工相结合的方式，有效提高畜牧产品附加值，可以从产品发展层面切实帮助贫困户增加经营性收入。

第六节　整治精准扶贫中的形式主义和官僚作风

一　转变表格式扶贫思维，精简合并扶贫表格

精准扶贫的落脚点不应该在纸面上，而是在贫困户家中、农户的田间地头、牧户的草场上。要深入推进精准扶贫工作的开展，整治精准扶贫中的形式主义和官僚作风，

首先要治理"表格满天飞"的乱象,让扶贫干部从纷繁复杂的表格中脱离出来,腾出更多的精力和时间投入扶贫攻坚的工作中,将扶贫工作做实、做真。精准扶贫不是为了"精准填表",而是要落实到扶贫上面。要在扶贫工作中做出成绩,见得实效,必须让领导干部转变"表格式"扶贫思维。扶贫表格可以精简的精简,可以合并的合并,可以不填的就不填,将扶贫干部从烦冗的表格填写中解放出来。同时,各地要根据实际情况,减少迎评迎检、陪会参会等大量耗费基层扶贫干部精力的行为,切实减轻扶贫干部的负担,让他们多一些精力和时间投入扶贫工作中,帮助贫困户谋发展、促脱贫。

二 引入大数据平台,实现扶贫数据共享

2016年10月,青海省科技部门针对青海省扶贫开发的新特征新问题,基于3S技术积极搭建青海省精准扶贫大数据平台,研发出适合不同贫困程度和类型地区的精准扶贫信息服务系统。精准扶贫大数据平台建设分为省、州(市)、县、乡、村5个层级,主要包括基础数据管理、动态监测、数据统计、监督管理、在线指挥等五大功能,主要通过精准识别、精准帮扶、精准管理、精准评价实现对扶贫对象、扶贫措施、扶贫项目的数据分析和驻村工作队的绩效考核,使精准扶贫工作更加有针对性和实效性,更好地掌握贫困地区经济发展带来的新因素、新变化,全面了解实现现阶段精准扶贫工作到村、项目到户、投资到

人，实现科学识别贫困人口，实行动态管理。目前，该平台仍在试运行阶段，尚未覆盖海晏县。因此，海晏县必须尽快引进精准扶贫大数据平台，将贫困户扶贫数据信息上传共享，从而有效解决扶贫信息不全，数据掌握不准确、不及时，决策难等问题。

三 创新扶贫考核评价体系，落实扶贫工作开展

要提高扶贫绩效，落实扶贫工作开展，必须创新扶贫考核评价体系，不单纯以表格数据论成败。上级领导在看数据的同时，还要重实效。通过走访、调研等形式，深入农牧区与贫困户进行深入交流，实行自下而上的贫困户社会考核评价，将表格数据与贫困户脱贫实际进行对比，保证考核结果能够客观真实地反映扶贫实绩。同时，强化自上而下的扶贫考核评价体系建设，逐一细化考核对象、内容、指标、方法等，促使基层扶贫干部不敢在扶贫数据上作假。

参考文献

阿比吉特·班纳吉、埃斯特·迪弗洛:《贫穷的本质》,景芳译,中信出版社,2013。

陈爱雪、刘艳:《层次分析法的我国精准扶贫实施绩效评价研究》,《华侨大学学报》2017 年第 1 期。

陈生萍:《海晏县发展生态畜牧业存在的问题及建议》,《养殖与饲料》2012 年第 3 期。

杜志雄、詹琳:《实施精准扶贫新战略的难题和破解之道》,《中国发展观察》2015 年第 8 期。

花木嵯:《"530"扶贫小额贷款让贫困户脱贫"不差钱"》,《青海日报》2017 年 3 月 24。

焦克源、徐彦平:《少数民族贫困县扶贫开发绩效评价的实证研究——基于时序主成分分析法的应用》,《西北人口》2015 年第 1 期。

李义平:《过高福利是经济发展陷阱》,《人民日报》2015 年 8 月 11 日。

李永霞、车发梅:《甘子河乡草原畜牧业可持续发展之浅见》,《青海畜牧兽医杂志》2009 年第 4 期。

刘坚:《新阶段扶贫的成就与挑战:中国农村扶贫开发纲要

(2001–2010) 中期评价报告》，中国财政经济出版社，2006。

刘振振：《如何精准识别贫困户》，《中国乡村发现》2016 年第 3 期。

马尚云：精准扶贫的困难与对策》，《学习月刊》2014 年 10 月上。

马媛、孔龙：《甘肃省精准扶贫绩效评价及对策研究.云南农业大学学报》，2017 年第 4 期。

迈克尔·M.塞尼：《移民与发展：世界银行移民政策与经验（一）》，河海大学中国移民研究中心译，河海大学出版社，1996。

迈克尔·谢若登：《资产与穷人——一项新的美国福利政策》，高鉴国译，商务印书馆，2005。

梅耀林、张培刚：《产业发展理论回顾及应用研究——以盐城市盐都区产业发展定位为例》，《河南科学》2007 年第 12 期。

南宝：《坚持生态保护第一原则 堵疏结合持续推进环青海湖景区综合整治工作》，《海南报》2016 年 6 月 25 日

钱力、倪修凤、宋俊秀：《连片特困区精准扶贫多维绩效模糊评价——以安徽省大别山区为例》，《华东经济管理.2018 年第 3 期。

孙海玲：《青海省"第一书记"到位任职》，《青海日报》2015 年 10 月 16 日。

孙海玲：《青海省 8 亿元互助资金 助力贫困村脱贫攻坚》，《青海日报》2016 年 11 月 17 日。

魏名星、李名威、杨美赞：《绩效评价视角下河北省精准扶贫指标体系的构建与实践分析》，《安徽农业科学》2017 年第 24 期。

吴文娟：《伊犁州直贫困人口稳定脱贫的问题及对策分析》，《中共伊犁州委党校学报》2017 年第 3 期。

《习近平扶贫新论断：扶贫先扶志、扶贫必扶智和精准扶贫》，中国经济网，2016 年 1 月 3 日。

《习近平提"精准扶贫"的内涵和意义是什么》，中国经济网，2015 年 8 月 4 日。

杨傲多：《推进依法扶贫依法治贫依法脱贫》，《法制日报》2016 年 6 月 7 日

杨斌等：《牦牛肉加工与发展现状》，《肉类研究》2010 年第 6 期。

杨毅、张琳：《环渝连片特困区精准扶贫效益评价及增进策略——基于 SEM 模型的实证分析 . 西南大学学报》2017 年第 5 期 .

于振海、晏国政：《扶贫先扶志 人勤百业兴》，《新华时评》2017 年 6 月 22 日。

袁文良：《"精准识别"是"精准扶贫"的前提与保证》，《青海日报》2016 年 4 月 18 日。

张建伟、杨阿维：《精准扶贫视域下农村公共品供给绩效评价研究——基于 14 个连片特困地区的实证分析》，《西藏大学学报》2017 年第 3 期。

张榆琴、李学坤、李鹤、胡丽：《云南省红河州精准扶贫绩效研究》，《青岛农业大学学报》2017 年第 4 期。

左停：《致力建立稳定脱贫的长效机制》，《人民论坛》2017 年第 18 期。

Habibovn N, Fan L., Comparing and Contrasting Poverty Reduction Performance of Social Welfare Programs Across Ju-risdictions in Canada Using Data Envelopment Analyisis(DEA): an Exploratory Study of the Era of Devolution,Evaluation & Program Planning, 2010(4).

Sandra W.,Take out Hunger: Two Case Studies of Rural Development in Basutoland, Oxford:Berg Publishers,1969.

后 记

2017 年 7~8 月份，北方民族大学社会学与民族学研究所和中国社会科学院社会学所组成联合调研组，先后三次赴海晏县俄日村调研。经过两年多的不懈努力，成果最终成书。本书由束锡红教授总策划，确定选题、写作提纲及总体思路，并具体负责实施、组织课题调研，协调课题进度。全书最后由束锡红、聂君、樊晔统稿和定稿。本书得到中国社会科学院国情调研特大项目"精准扶贫精准脱贫百村调研"的资助，同时也是国家民委西北少数民族社会发展研究基地成果。

本书从调查研究到付梓凝结了许多人的心智和热情，在调查和研究过程中，我们得到了海晏县各级政府部门，尤其是甘子河乡乡政府及俄日村村两委的大力支持和帮助。在调研过程中，我们要感谢甘子河乡政府副乡长白周措、驻村第一书记程坚、海北州牧科所扈晓途、海晏县公安局何旭鹏、甘子河乡政府多杰吉、俄日村村支部书记海星、村支部副书记南夸昂秀、村委会主任索南才付旦、村委会副主任扎西才郎，他们不辞辛苦地带领项目组调研人员在夏季草场入户进行入户访谈和问卷调查。在成书过程中，中国社科院社会学所原所长赵克斌、副所长刁鹏飞、张晓毅研究员也给予了大量宝贵意见和建议，在此一并感谢。

由于时间紧、任务重，我们搜集到的访谈和数据资料仍有所局限，对此，我们感到非常遗憾，希望在今后的修订中不断完善。虽然在本书的成稿中我们遇到了一些困难，但我们最终还是以极其认真负责的态度完成了这本书，受各种复杂条件的限制，加之我们在理论水平和学术视野等方面的局限性，有些观点和看法尚显不足。对于书中欠妥、错误之处，我们恳请广大读者和同行予以批评指正，以便我们在今后的研究中进一步完善和充实。

著者

2019 年 10 月

图书在版编目 (CIP) 数据

精准扶贫精准脱贫百村调研. 俄日村卷 : 消除"以
贫为荣"的贫困文化 / 束锡红, 聂君, 樊晔著. -- 北京:
社会科学文献出版社, 2020.6
　ISBN 978-7-5201-5855-8

　Ⅰ.①精…　Ⅱ.①束…②聂…③樊…　Ⅲ.①农村-
扶贫-调查报告-海晏县　Ⅳ.①F323.8

中国版本图书馆CIP数据核字（2019）第280885号

·精准扶贫精准脱贫百村调研丛书·

精准扶贫精准脱贫百村调研·俄日村卷
——消除"以贫为荣"的贫困文化

著　　者 / 束锡红　聂　君　樊　晔

出 版 人 / 谢寿光
组稿编辑 / 邓泳红　陈　颖
责任编辑 / 王　展

出　　版 / 社会科学文献出版社·皮书出版分社（010）59367127
　　　　　地址：北京市北三环中路甲29号院华龙大厦　邮编：100029
　　　　　网址：www.ssap.com.cn
发　　行 / 市场营销中心（010）59367081　59367083
印　　装 / 三河市尚艺印装有限公司

规　　格 / 开　本：787mm×1092mm　1/16
　　　　　印　张：8.25　字　数：81千字
版　　次 / 2020年6月第1版　2020年6月第1次印刷
书　　号 / ISBN 978-7-5201-5855-8
定　　价 / 59.00元